販売手法の常識を変える
誰も損しない入札システム

リバイバルゲルト

蒲谷 亘
KABAYA WATARU

幻冬舎 MC

リバイバルゲルト

販売手法の常識を変える
誰も損しない入札システム

はじめに

コロナ禍で極端に品薄となったマスク、大人気のキャラクターカード、有名アーティストのコンサートチケット……。

供給に対して需要が大きく上回る商品では、購入希望者間の競争が過熱してトラブルに発展したり、大きな不満につながって〝炎上〟を招いたりすることも少なくない。単にモノが少ないから手に入れられなかったというだけでなく、販売方法や過程に問題があるとみなされると、買えなかった人の不満は怒りに発展する。今回は運が悪かっただけだ、もっと早く動いていればよかったなどと納得できればいいが、毎回特定の人ばかりが購入できているように見えたり、組織化された転売ヤーが個人では太刀打ちできないような手段で人気商品を買い占めている様子などが目に入ったりすれば、怒りの矛先はそれら競争相手を通り越して販売者に向いてしまう。もっと〝公平な売り方〟をしろ、となる。

こうした、取引における〝公平感〟という課題の解決策となるのが、本書で紹介する

「ゲルト」だ。これは、簡単にいえば「ポイントを用いた入札システム」であるが、従来の入札とは異なるまったく新しいものだ。最も特徴的なのは、販売価格をあらかじめ消費者に提示して固定するため、競争者が多くても高騰しない点だ。入札参加者はゲルトポイントを使って購入の権利を競り合い、購入権を落札した人は商品を基本価格で購入、投入したポイントは消費される。落札できなかった人のポイントは消費されず次回以降に持ち越すことになるため、次の入札では今回の落札者より有利になる可能性が高くなるという仕組みだ。早い者勝ちではないため忙しい人でも競争に遅れることがなく、従来のオークションのように人気に応じて高騰することもない。多くの参加者が公平感をもって競争に臨むことができる。

この「競争しながらも全員が不公平感を抱くことなく、前向きに参加できる仕組み」はさまざまな可能性をもっている。商品の売買だけでなく、人気レストランや空港駐車場などの予約、テーマパークの順番待ちなどあらゆるシーンで、従来のやり方では実現できなかったまったく新しい枠組みを作り出すことができるはずだ。

本書ではゲルトの仕組みとメリットを分かりやすく説明し、ゲルトを導入することで何が実現できるかを解説していく。これをきっかけにより多くの人へゲルトの有用性が伝わり、さまざまな領域での課題解決に貢献することができれば著者として幸甚である。

目次

はじめに　3

第1章　先着順販売、抽選、オークションの限界
人気商品をめぐる購入希望者の不平不満やトラブル

供給不足が生むロレックス争奪戦　14
泊まり込みもいとわない熱意、いまだに続く長蛇の列　15
オークションや抽選販売の公平性が脅かされている　17
インターネット販売における公平性は、どうすれば担保できるか？　19

第2章　購入希望者同士の〝公平感〟を保ち適正価格で商品を販売できる
「ゲルト」を活用した新発想の入札システム

『廃棄される薬を減らすためにできること』
MRから薬局の開業へ　24

頭を悩ませた廃棄薬品問題 26
なぜ、薬の需要が偏るのか？ 29

『薬品のデッドストックを業者間で回す』

小さなＷｅｂサイトから始まった取り組み 33
ビジネスとして展開していく 35
売り手は多いが買い手は少ない 37

『何をもって公平といえるのか？』

既存販売システムの限界 42
販売システムとして守るべき大義 46
抽選も早い者勝ちも公平ではない 49
負けた理由に納得できれば、公平といえるのではないか 51

『ゲルトとはどのようなものか』

ゲルトの発想が生まれた背景 53
リバイバルゲルトの仕組み 55
ゲルトのシステム開発 60

『ゲルトをどのように配布するか？』
ゲルトの配り方がビジネスを決める 62
常連のロイヤリティを上げる 63
売りたい商品を売ることができる 65
売りたい人に売ることができる 67
『導入して分かったゲルトの知られざる価値』
ゲルトを配布するだけで市場が活性化する 70
ゲルトシステムの反響 75
ゲルト導入のメリット 78

第3章 購入希望者だけでなく、販売者側にもメリットが どれだけ発行しても損しない〝非金銭的ポイント〟ゲルトの真価

『価格を固定することの意味』
価格の固定は公平性への前提条件 82
価格を変動できない商品も存在する 83

価格を変動させることによってイメージが低下する　86
無料提供したい場合　89
『落札ゲルト数を公表しない理由』
落札ゲルト数を公開しない　93
フェラーリの落札　94
ゲルト数が公表されない理由　96
ゲルトの本質は欲しいという感情を数値化すること　97
『ゲルトが戻ってくる理由』
よみがえる金貨　99
入札者が一人の場合　101
『値引きを避けられる』
ポイントシステムは値引き　102
ポイントをゲルトに代える理由　104
行列や申し込み殺到の混乱を回避できる　106
ECサイトのアクセス集中の問題　108

『転売ヤーを駆逐できる』

コロナ禍におけるマスクの転売問題　111
メーカーへの悪影響　113
ゲルトで転売ヤーを撲滅できる　114

『ゲルト活用のアイデア』

アイデア①　東京マラソンの出走権　115
アイデア②　大学の授業　119
アイデア③　鉄道事業　121
アイデア④　駐車場の予約　124
アイデア⑤　百貨店における希少品の販売　126
アイデア⑥　テーマパークへの応用　129
アイデア⑦　桜の季節の京都のホテル　132

第4章 転売ヤーの駆逐や従来のポイントサービスの廃止 さまざまな応用の可能性があるゲルトは社会を大きく変える

『企業側が顧客を選べる世界を作る』
企業が顧客を選ぶことは難しい 136
ゲルトを使って望ましい顧客を優遇できる 138
『転売ヤーがいない快適な未来』
市場の機能が回復し、社会コストが低減する 140
『ポイントサービスをゲルトに置き換える』
楽天の「楽天ポイント」プログラム 141
ポイントをゲルトに置き換えることで得られること 143
『ゲルトで企業をつなげられる』
独自ポイントシステムの構築は難しい 146
ゲルトなら中小企業でも導入できる 149
つながるゲルト 152

『ゲルトを「購入」できるとどうなる？』
プレミアム会員はゲルトを購入できる 154
ゲルトの新たなる可能性 158
『スポーツを盛り上げる』
日本のサッカーリーグの仕組みと問題点 160
ゲルトを使ってサッカー全体を盛り上げる 163
『パリオリンピックで考えたこと』
オリンピックのチケットシステムの問題点 166
ゲルトの有効性 168
オリンピックが商業主義を抜け出すために 171
『ゲルトは国境を超えられる』
ゲルトが国際化する 174
日本発のゲルトの文化を作る 175
今までに存在しなかった新しい決め方 178
おわりに 182

第1章

先着順販売、抽選、オークションの限界
人気商品をめぐる購入希望者の
不平不満やトラブル

供給不足が生むロレックス争奪戦

ロレックスは言わずと知れた高級時計だ。供給量自体が極めて少なく、正規店には1カ月に数本しか入荷しないといわれている。定価購入するために何カ月も定期的に店舗を訪れたり、在庫情報をこまめにチェックしたりする人も少なくない。なかには入荷情報を得るために店舗スタッフと良好な関係を築こうと頻繁に顔を出し、信頼を得るための努力をする人もいる。

近年は特に中国やインドなどの新興国に富裕層が増え、富の象徴であるロレックスへの関心が高まっている。また、情勢が不安定な国では、持ち運び可能な資産として購入されるケースもある。そのためロレックスを手に入れたいと思う人の数が圧倒的に供給を上回り、正規店の多くで売り切れの状態が続いているのだ。

こうした状況から、中古品でも手に入れたいと考える人が多くなり、中古市場におけるロレックスの価格が高騰している。

なかでも生産が終了しているモデルについては、その希少性が相まって投資対象にまでなっている。一例として、生産終了したＧＭＴマスターⅡ（Ref. 126710BLRO）など一部のモデルは、定価の約２倍の取引額だ。

ロレックスは単なる時計としての役割を超え、所有することで得られる満足感や高い社会的地位の象徴としての価値など、モノを超えた価値を持っている。加えて投資対象としての資産性もある。いまやロレックスは現行品だけでなく中古でさえも手に入れるのが難しくなってしまっているのだ。

泊まり込みもいとわない熱意、いまだに続く長蛇の列

２０２３年1月に発売された「ポケモンカード」の新商品は、「スカーレット&バイオレット」シリーズの拡張パックとして登場した。このシリーズはポケモンゲームの最新作と連動しており、新たなポケモンやユニークなカードデザインが注目を集めた。

特に、このシリーズにはゲームのメインキャラクターであるコライドンやミライドンが描かれたレアカードが含まれており、高い人気を集める大きな要因となった。また、ゲームの戦略の幅が広がった点も高く評価されている。この商品はポケモンカードの長

年のファンだけでなく、新規のプレイヤー層も取り込んだのである。

その人気の高さから全国的に大きな話題を呼び、多くの人々が購入のために長蛇の列を作った。東京・秋葉原や大阪・梅田といった都市部の販売店では、発売前夜から数百人が行列を作り、徹夜で待機する人が続出した。なかには、テントを設置して泊まり込む人や、路上に座り込んで時間を過ごす人の姿も見られた。


ポケモンカードがこれほどまでに多くの人々を引きつける理由は、キャラクターの人気やゲーム性に加えて、収集品としての価値が高まっている点にある。ロレックスの例と同様に特に限定版や新シリーズのカードは希少性が高く、それを手に入れること自体が一種のステータスとなっている。また、中古市場やオークションサイトでは高値で取引されることもあり、転売目的で購入を目指す人々が行列をさらに長くしているという側面も否めない。

ポケモンカードは、単なる商品の購入行動を超え、社会現象とも見られるようになっており、購入希望者の熱意は時に行き過ぎた行動を引き起こし、近隣住民や店舗周辺に迷惑をかける問題も発生している。行列が歩道を占拠し、通行の妨げになることや、深夜の騒音問題は、その代表的な例である。

店舗側もこのような事態に対応するため、販売方法の見直しを始めた。例えば、抽選販売や整理券配付など、公平性を保つための施策が導入されている。また、過剰な行列を避けるためにオンライン販売を強化する動きも見られるが、いまだすべての問題を解決するには至っていない。

オークションや抽選販売の公平性が脅かされている

ロレックスやポケモンカードをめぐる争奪戦は、資金力や時間の余裕があるかないかに関わってくるため、購入機会における不公平さが浮き彫りとなってきている。

オークションの場合、もちろん資金力が豊富な人ほど有利である。商品が高値で取引される中、経済的に余裕がない人々は競争に参加することさえ難しい。一方、正規店での購入や店舗での行列待ちは、長時間の待機や泊まり込みが必要となる。こちらは時間に余裕がある人が圧倒的に有利である。昼間仕事をしている人は明らかに不利であろう。

資金力や時間といった個々の状況によって購入の可否が決まっていて、競争が公平性を欠いたものになっているのである。

その結果、経済的、あるいは時間的余裕のある特定の層が商品を独占する事態となり、本来その商品を楽しみたい普通の消費者が購入できない事態が起きている。課題となっているのは、商品が純粋に欲しいわけではない転売目的の購入者が高額な価格で商品を再販することで、さらに経済的な格差が広がり、本来の目的である「楽しむための消費」が阻害されている。

また一見、公平に見える抽選販売方式も本当に公平であるかどうかは議論の余地がある。事前に抽選を行えば、長蛇の列や価格の異常な高騰は起きない。そして、誰にでも平等にチャンスがあるように見える。しかし、なかには抽選販売の仕組みの裏をかいて恣意的な不正を行っている人も存在するかもしれない。もしこうした不正な行為が常態化して透明性を欠いた抽選方式が横行すれば、結果への納得感が下がり、不満がたまる場合もある。

これらオークションや抽選販売といった購入方法を利用した転売ヤーの手口が、商品が本当に欲しい消費者に多大な影響を及ぼしている。転売ヤーとは、需要が高い商品や限定品を購入し、それを定価以上の価格で再販して利益を得る人たちのことを指す俗称である。つまり、本来「欲しい人」が手に入れるべき商品やサービスが、「儲けたい人（転売ヤー）」の手に渡っているのだ。

転売ヤーは、人気商品の購入方法の裏をかき、転売利益を得るためにさまざまな手段を駆使している。例えば、オンライン抽選で自動ボットを使用して大量に応募し当選確率を上げたり、グループで協力して複数の購入枠を確保したりする。また、イベントやコンサートのチケットでは、購入者が名義を変更できる特例を悪用し、正規価格の数倍で転売することが横行している。このような行為は、実際に商品やサービスを利用したい人々のチャンスを奪い、不公平な状況を生み出している。

インターネット販売における公平性は、どうすれば担保できるか？

実はこうした問題はロレックスやポケモンカードだけのことではない。薬局を7店舗経営している私は、薬の仕入れと販売において同様の問題意識をもつに至った。意外なところで、薬の流通においても本当に欲しい人が薬を買えないという問題が起きていたのだ。この問題は薬局が医薬品卸から薬を仕入れる際に起きる。風邪薬、せき止めなどの医薬品不足がここ数年で起きており、「需要と供給が合わない」問題と類似する内容である。その半面、処方されなかった医薬品が在庫として残ってしまう問題もある。

薬局では基本的に患者が持ってきた処方箋を拒否することはできない。しかしながら、その中ではほとんどほかの患者が使わない薬も存在する。ただ、医薬品卸は小口では卸してくれないので、患者一人のために大箱の薬を購入せざるを得なくなる。そして、その多くが期限切れとなり、廃棄を余儀なくされているのだ。

一方で、その薬も場所によっては必要とされることがある。実際、私の経営する薬局は大学病院の近くに位置しており、比較的多くの種類の薬が求められる。そのように必要とされる薬がある一方で、別の薬局ではその薬を廃棄せざるを得ない状況が生まれているのである。この矛盾を目の当たりにし、私は強い問題意識を抱いた。

そこで、薬局とは別に私は新たに会社を立ち上げることにした。この会社の事業はある薬局では使わない薬を、その薬を必要とする薬局に売却するのを仲介することである。この事業は多くの薬局経営者に受け入れられ、廃棄の無駄をなくすと同時に安く薬を仕入れるルートを作り、薬局の収益を改善することに貢献できた。ただこの仕組みが大きくなるにつれて、ある仕組み上の問題が浮上してきた。

それは人気の薬に購入希望者が殺到することである。当初、私は全ての薬を早い者勝ちで販売していた。しかし、この方法では多くの購入希望者が不満を抱くようになった。人によっては「本当に販売していたのか」と疑う人さえ現れた。さらに、アクセスが急増し、サーバーが落ちてしまうことも起きた。

これではまずいと考え今度はオークション制度を導入することにしたのだが、この方法では値段がつり上がってしまう。そもそも薬を安く買えることが新たに立ち上げたこの会社の魅力であったはずなのに、価格がつり上がっては意味がない。実際にオークション制度を導入したことで価格が上がったために、多くの薬局が薬の購入をやめてしまった。

もともと薬には「薬価」という基準価格があり、患者には定価販売されている。そのため、私は誰にでも分かる薬価から定率に割り引いた金額で薬局に販売したかった。薬局でよく使用される薬かどうかにかかわらず、一定の基準で販売したかったからだ。しかし、実際のところ人気がある薬に対しての販売方法を確立するのは簡単ではなかった。誰に薬を販売するのかをどのように公平なかたちで決めればよいのか、という問題に直面したのである。オークションだと価格を固定できないし、抽選では購入者によっては裏でコントロールしていると疑われる余地がある。早い者勝ちだと、サーバーがパンクする。

私たちが扱う商品は薬局向けの薬品であり、顧客は限られた施設である。しかし、人気の商品を入手したいという構造はロレックスやポケモンカードと同じなのである。

第2章

購入希望者同士の〝公平感〟を保ち
適正価格で商品を販売できる
「ゲルト」を活用した新発想の入札システム

『廃棄される薬を減らすためにできること』

MRから薬局の開業へ

どれだけ競争率の高い商品であっても、購入希望者全員が不公平感を抱くことなく、前向きに参加できる仕組みはないだろうか――。

私が抱いたこの疑問に対する答えとなったのが本書で紹介する「リバイバルゲルト」である。

私は大学で薬学を専攻し、国家試験も合格して薬剤師になった。大学を卒業後は、塩野義製薬でMRとしてキャリアを積んだ。MR（Medical Representative）とは、製薬会社の営業職で、製薬会社の医薬品情報を医師や薬剤師などの医療従事者に提供する仕事である。主に医師や薬剤師を訪問し、自社製品の効果や安全性、使用方法についての説明を行う。また、新薬の情報提供だけでなく、医療現場での意見やニーズを製薬会社にフィードバックし、医療の質向上に貢献する役割も担っている。医薬品に関する専門知識が求められるほか、医療従事者との信頼関係を構築するコミュニケーション能力も重要な要素である。

ＭＲの仕事は、単なる営業活動にとどまらず、医療の現場に密接に関わる点が特徴である。医薬品が正しく使用されるようサポートし、患者の安全を守る役割を果たすことから社会的責任も大きい。さらに、医療業界における規制や倫理的ルールに従いながら活動するため、公平性も求められる仕事である。

ただ当時はバブルが崩壊したタイミングだったため、社会保障関係費からの収益が大多数の製薬会社に向けられる視線はどんどん厳しくなり、接待はもちろん、医療の向上につながる行為、文献など医師が必要とするツールの配布も禁止になるなど、制限が増えて、思うように営業活動ができなくなった。私は自分の利益だけでなく、医療関係者全体の支援や社会貢献を目指して働いていた。しかし、自主規制強化でやりたいことが制限され、働き方に疑問を抱くようになった。また、薬学部を卒業し、薬剤師免許を取得したからには、それを活かしたいという思いもあった。そこで、製薬会社を退職して、薬局の開業を目指すことにしたのである。

薬局を開業するには、さまざまな準備が必要である。なかでも行政の許可とその薬局を実地管理する薬剤師（管理薬剤師）の存在が大切だ。私は薬剤師の資格を有するので管理薬剤師の件は問題ないが、保健所への薬局開設許可の申請に加え、保険薬局の指定を受けるため地方厚生局にも申請し、許可証を取得する必要がある。これらの許可を受けてはじめて、保険適用の調剤が可能となり薬局経営がスタートできるのだ。

私の場合は、薬剤師としての経験を積むために、まずは薬局で勤務することにした。その時に幸運にも開業を検討している医師と知り合った。その医師が私の背中を押してくれ、薬局の開業に踏み切ることとなったのである。

頭を悩ませた廃棄薬品問題

開業当時は経営に関する知識はほとんど持っていなかったが、薬局を運営する中で徐々に学び、実践を重ねることで成長していった。しかし、薬局経営において在庫管理の難しさに直面した。特に高額な薬剤が余り、廃棄せざるを得ない状況が経営を圧迫したことが課題として浮上したのだ。

これは星 正彦氏によって国会でも取り上げられた数字であるが、薬局で廃棄される医薬品は、１店舗あたり年間約20万円と推定されている。全国には２０１５年時点で約５万９０００軒の薬局があるといわれており、単純計算で20万円×５万９０００軒＝年間約１１８億円相当以上の医薬品が期限切れで廃棄されていることになる（参議院調査室「経済のプリズム」）。さらに、近年では高額な医薬品の取り扱いが増えており、廃棄される医薬品が高額であればこの金額を大きく上回る可能性がある。

例えば、私自身も「ゾビラックス」に絡む処方でこの問題を痛感した。ゾビラックス錠や顆粒は、帯状疱疹や水ぼうそうの治療に使用される抗ウイルス薬であるが、この薬が当時１００g入りの瓶で約５万円という高額な薬価だったのである。ある医師から、ゾビラックス顆粒を処方したので、距離的に私の薬局に患者が行く可能性が高いとの連絡が入った。しかし、その時にこの薬の在庫が薬局にはなかったのである。この場合、当日中に患者が薬を手に入れられるよう医薬品卸から新たに購入しなくてはいけないわけだが、必要量が４gであるにもかかわらず、販売されている１００g入りの薬を購入する以外に選択肢がなかった。この結果、使用後に96gもの薬が余り廃棄せざるを得なくなった。

このような問題はたびたび発生している。例えば、2024年9月6日、鹿児島市の「みなみの薬局」を運営するみなみの株式会社が自己破産の準備に入ったことが報じられた。同社は2016年11月に設立され、調剤薬局を中心に事業を展開していたが、負債総額は約1・3億円に達した。倒産の背景には、抗がん剤の院外処方による高額な医薬品の在庫負担があったと報道されている。

処方元の病院が3年前から抗がん剤の院外処方を開始し、薬局側は結果的に高価な医薬品を在庫として抱える必要が生じた。しかし、これらの薬品は患者数の変動も大きく、薬剤自体も大きく変わるケースが多い。在庫管理が難しく、結果として廃棄せざるを得ないケースが増加して、経営を圧迫したといわれている。

この薬局で何の薬剤が問題の引き金になったかは定かではないが一例を紹介すると、ノーベル賞受賞で脚光を浴びた代表的な抗がん剤である「オプジーボ（一般名：ニボルマブ）」が挙げられる。これは、免疫チェックポイント阻害剤と呼ばれる新しいタイプの抗がん剤で、がん細胞に対する免疫反応を活性化する画期的な薬である。しかし、2014年に販売された当時、その価格は1瓶約73万円（100㎎）と非常に高額であり、さらに患者の症状、病名によっては使用される本数が変化するため、1回の治療で数百万円に達する場合もあった（２０２４年時点で約13万２０００円と価格が引き下げられている）。

こうした高額な医薬品の廃棄という課題が、新たな会社設立の発想につながった。余剰薬品をほかの薬局と共有することで、無駄を減らし、資源を有効活用する仕組みを考案したのがその始まりである。ゾビラックスのように高価で使用頻度の低い薬を効率的に流通させることで、薬局の経営負担を軽減し、ほかの薬局の患者に対して迅速に薬を届ける仕組みを目指した。この経験が、薬局経営から派生したビジネスモデルの着想となったのである。

なぜ、薬の需要が偏るのか？

医薬品がデッドストックになる背景には根深い問題がある。患者の病気に対する処方薬の決め方は、医師の専門性やこれまでの経験、考え方による薬の信頼度などによって、医師の好みが大きく分かれる傾向がある。例えば、単に血圧を下げる薬であっても、さまざまな作用機序とそれぞれ個々に持つ薬の特徴（副作用も含め）を考慮して、Ａという薬で血圧を改善した経験のある医師が近所にいるなら、Aという薬剤がまずは一番の選択肢として処方される。もちろん、薬局で在庫になっているA薬も稼働するわけである。しかしながら、地元に住んでいてよく来局する患者が、遠方で別の診療科の処方箋を自分の薬局に持ち込んだ場合、それがBというストックしていない血圧薬であれば、ゾビラックスのように最終的に廃棄になる可能性が高くなる。

さらに、薬の種類によっては、病院やクリニックで働く医師の専門性によっても大きく異なってくる。例えば、通常の整形外科の専門医が使う薬であれば、痛み止め、筋肉の弛緩剤、それに抗生物質である化膿止め、胃薬や湿布などが主で、さらに骨粗鬆症《こつそしょうしょう》治療薬や痛風薬、リウマチ薬を含めても処方される薬のほぼ大半は網羅できる。さらに、座薬や麻薬など特殊な痛み止めを含めても、使用される薬の種類は合計で30種類ほどに収まる計算である。これぐらいの種類の薬があれば、通常の薬局業務は問題なく稼働できる。しかし、例えばこれに加えて、肝臓の病気に対して専門性の高い医師が在籍している大学病院が近隣にある場合、肝炎ウイルス治療薬などの薬や抗がん剤など特殊な薬も必要となる。結果的に莫大な投資が必要となってしまい、これに加えて専門が違う医師の処方箋が増えれば、さらに多くの種類の薬が必要となるのは明白だ。

私が初めて開業した薬局は、実際に整形外科の近くだったが、普段から200種類程度の薬をストックしておけば大きな問題はなかった。しかし、そんな整形外科がメインの薬局でも、患者が遠くの病院の処方箋を持参してきた場合、内科系の薬も必要になることもあった。例えば、血圧の薬が処方された場合、そもそも整形外科中心の薬局では、使用頻度が高い血圧の薬であっても置いていない場合が多い。そのため、その患者のために新たに薬を発注する必要が出てくる。しかし、その患者が次回来なくなると、その血圧の薬が必要なくなるため、期限切れになれば廃棄せざるを得なくなるわけである。また、その患者の症状の変化や医師の治療方針の変更により、患者の処方自体がAという薬からCという薬に変更されることもしばしばある。このような事情で、使われない薬Aがデッドストックになってしまうのである。

ちなみに薬局が小口の薬品を購入すればよいと思う人もいるかもしれないが、薬は基本的に箱買いである。そのため、100錠包装などの単位でしか販売しておらず、1人の患者に1日3錠、30日分の処方があった場合、必ず毎回10錠分余ってしまう。時には28日分、84錠が必要であり、余りの16錠が不必要になる場合もある。処方箋の内容が変わり、ほかに患者がいなければ残りはデッドストックになる。また、経営効率を優先して患者の処方を断ることは基本的に認められていない。薬剤師法第21条で、調剤に従事する薬剤師は、正当な理由がなければ処方箋による調剤の求めを拒んではならないと定められているからである。

もちろん、私も医療に従事する者として、目の前の患者を救いたいと願う。多くの医療関係者は私と同じ思いを抱いているはずだ。だからこそ、多くが無駄になるのが分かっていても薬を発注するのである。

また、薬局特有の問題から余剰在庫が発生する場合もある。ある血液疾患の薬に対して薬局が注文の予測を間違って1000万円相当の薬を誤発注してしまい、廃棄せざるを得ないことがあったと聞いたこともある。

同じ内容の薬剤なのに、製剤の規格が異なる複数の単位がある薬剤もある。1本の製剤の中に1000単位、2000単位、5000単位と異なる規格が入った薬剤がある。このような製剤では、患者の状態や治療の進行度に応じて投与する単位が異なるため、同じ薬でも複数の単位規格が製薬会社から発売されている。基本的に治療の初期段階ではアレルギーや副作用を危惧して、単位が少ないものから始め、患者の症状や体重の増減を考えながら、単位の多いものに変更することが多い。

　このケースでは、薬剤師が患者の治療計画の情報と推測を誤り、本来５０００単位、あるいは逆に減量となって１０００単位の薬品が使われるところを、使わない２０００単位の製品を発注してしまったと聞いている。冷所品で問屋に返品ができなかったため、その注文で１０００万円ほどの損失が出てしまったそうだ。しかし、薬剤師の行動を一方的に責めることはできない。患者の容態の変化で薬そのものが変わるからである。また、患者の来局に対して「待たせない」対応が裏目に出てしまったケースともいえる。

　このように、そもそも薬局は根本的に廃棄問題が起こりやすい構造になっている。一方で、場所によっては問題になった薬を使用できる薬局もあり、使わない薬局から使う薬局へ薬を融通する仕組みを作ろうと考えたのである。

「薬品のデッドストックを業者間で回す」

小さなＷｅｂサイトから始まった取り組み

　私が抱いた問題意識を元に、２００６年に同じ薬局経営者2人と契約を結んで、私は新たな会社を立ち上げた。私以外の２人は栃木の宇都宮市と東京の江戸川区で薬局を経営している仲間であった。とはいえ、最初から本格的に稼働させることはしていなかった。一応Ｗｅｂサイトは用意して、お互いに情報として販売する薬品を公開していたくらいである。

そのサイトも今考えると、原始的なものであった。私の知り合いがＷｅｂサイトを作れると聞いて、30万円くらいの対価を払って作ってもらったものである。正直、現在のＥＣサイトとはほど遠く、会社を運営するうえでのお知らせ程度のホームページといった内容で、薬品もそのサイトのコードを自分で書き換えて公開する簡易的なものであった。

ただ、外部に販売することはなく、仲間内３人で薬を融通しあうだけでこの頃は十分であった。私の薬局だけが大学病院の近くにあり、多くの種類の薬が必要だったため、２人の薬局で余った薬を送ってもらって使用する関係だった。それも、お金を介在させると、税金など何かと面倒なので物々交換であった。どこでもよく使われる薬１万円分と相手のところで余った薬１万円分を等価交換するような形であったのだ。

最初にこの取引を２人の仲間以外の薬局と行ったのが「バップフォー」という薬であっ

た。バップフォー錠は、主成分としてプロピベリン塩酸塩を含む薬で、過活動膀胱《ぼうこう》や神経因性膀胱などの排尿障害の治療に用いられる。この薬は膀胱の筋肉の異常な収縮を抑え、尿意切迫感や頻尿、尿失禁といった症状を改善するものである。現在はバップフォーレディとして、ＯＴＣ（一般販売）でも販売している。

この薬が京都の薬局で余っていて、それを江戸川区の薬局に販売する仲介をしたのが始まりだった。この時点ではシステムが完成していない状況だったが、トラブルなく無事に取引が成立した。

ビジネスとして展開していく

この頃の取引は単発で小規模なものだったが、私にとっての初めての取引として意義深い経験となった。簡単な取引と思うかもしれないが、医療用医薬品ならではの大きな問題が浮上していたからだ。

例えば、この当時は薬を輸送する際に明確な基準がなかった。薬事法（現・薬機法）の規定においては、医薬品の「保管」を第三者が薬局以外の場所で行うことが違法とされている。その中で、郵送の過程で薬が一時的に郵便局などの第三者の施設で保管される状態が、この法律に抵触するかどうかが明確でなかった。

つまり、薬は薬局や医療機関など、法律で定められた場所で保管される必要がある。しかし郵送の場合、例えば京都から東京へ薬を送る際に、配送途中で薬が郵便局や配送会社の倉庫に一時的に保管されることになるのだが、この「保管」が薬事法違反に該当するかどうかは、法律上明確に規定されていなかったため、この状況が「グレーゾーン」として扱われていた。

この問題は最終的に企業実証特例制度により解決された。この制度は企業が法的な不確実性に対して質問を行い、政府がその取り扱いを明確化する制度である。この制度を通じて、神奈川県・鎌倉市の薬局が厚生労働省に対して薬の郵送に関する質問を行い、薬が配送中に一時的に第三者によって保管される場合、それが薬事法違反には当たらないとの回答を得た。この手続きによって、薬の郵送が可能かつ合法であることが確認され、業界全体における郵送の取り扱いが明確化されたのである。

さらに、実際にビジネスを始めると、送料の扱いが大きな課題になることも判明した。それも加味したうえで、どのようなシステムであれば買い手も売り手も納得してくれるかを考え、薬を売る側は月1回、送料無料で送れるようにした。このようにすると、ある程度長く、残り期間があったとしても使う見込みのない薬が送られるようになった。また、買い手側も3万円以上購入すると、送料が無料になる仕組みにした。送料の問題を改善することで、価格も安く、錠数が少ない今まで気にも留めてもらえなかった薬品も、送料無料になるための手段（3万円を超える手段）の一つとして「ついでに」購入してもらい、売却される薬の効率も良くなった。売れ残りやすい安価な端数錠といった小分けの薬が売れるメリットのほうが考えた以上に大きかったのである。薬品によっては要冷蔵のものもあったりするため、その種の薬品をどう扱うかなど、さまざまな細かいが重要な課題の解決方法を考えサイトは拡大したのである。

売り手は多いが買い手は少ない

法律や送料の問題を解決し、本格的に薬の仲介ビジネスを行う土壌が整った。そこで、まずは商品がないと話にならないため、より多くの薬を集めることを考えた。私も薬局事情は十分に分かっていたため、売却したい薬が薬局に存在していることは確実に分かっていた。しかし、それを売却してくれなかった理由は、「薬を売る文化」がないからである。

私が当初から行っていたのは、情報の仲介だけではない。そもそも、売り手の薬局から買い手の薬局に直接取引をするシステムは取っていない。これは、ビジネスモデルを立案したときに、川崎市より、薬の偽造品が直接外部からシステムに混入しないように監視することが必要だと言われたことから、一度、売り手の薬局から買い手の薬局へ送る前に、送料は多く掛かるが私の会社を経由することとしている。つまり、私たちが必ず検品をすることを義務付けているのである。

もし、私たちがだまされて相手側から提示された偽物情報を正と判断し、会員として認めた場合、直接取引を行う会員は私たちとの信用の上での取引が成立しているので、逆に偽物と気付くことは難しい。この場合、患者に偽物の薬が渡る可能性がゼロだとは言い切れず、ビジネス自体が死活問題に発展する。内容の確認をせず、薬局同士が直接取引をすることは絶対に危険が生じることになるわけだ。会員の安全を守ることができないビジネスモデルは瑕疵があると言わざるを得ない。

直接取引は偽造防止のためだけの問題でなく、売り手側からすれば本当に医薬品を送っていいのかと不安になり、買い手側も本当に頼んだ薬が頼んだ数だけ届くのか不安になってしまう。この検品作業のおかげで、売り手も買い手も私への信頼から安心してデッドストックになった医薬品を利用し続けることができるわけだ。

繰り返すが、月1回までなら送料を無料として、「ついでに」使わなそうな薬も集められる仕組みを作った。これで薬を売る薬局は比較的簡単に参入できるようになったといえる。期限の切迫問題は業界共通の課題であり、簡単に薬を売却することができるなら、価格が無料でなければ十分だという感覚で売却してくれる薬局が多くなったのだ。

一方で、買ってくれる薬局はそれほど多くはない。中古品というイメージがネックになり、購入しづらいと感じる施設も多いのだろう。この点、私たちはReneed Drugという新しい造語の言葉を掲げた。Reneedとは「英語のREが表す再」と「必要を表すNEED」を合わせた造語である。この言葉を使用して以来、中古品というイメージを改善させることができた。

ジェネリック医薬品という薬がある。これは先発医薬品の特許が切れたあとに製造される医薬品のことである。先発医薬品と同じ有効成分、効果、効能を持ちながら、製造コストが低いため価格が安く設定されている。ジェネリック医薬品は医療費削減のため日本はもちろん、多くの国でも普及が進められている。

２０２５年現在、国だけでなく保険組合などでも、医療費が安くなるためジェネリック医薬品の利用を推奨している。しかし、私の会社におけるジェネリック医薬品の再販売は現状難しく、売れ残る率が先発医薬品に比べ多い。

すべてのジェネリック医薬品が売却できない背景には、メーカーによって薬価が違うことが挙げられる。例えば、ムコダイン錠５００㎎という薬がある。これは風邪でのどに痰が絡む場合によく処方される薬だ。ムコダイン錠５００㎎はジェネリック医薬品ではなく、先発品と呼ばれている。それとは違い、ジェネリック医薬品は一般名でカルボシステイン錠５００㎎と呼ばれ、このジェネリック医薬品の価格は7・9円と9・3円の2種類があり、先発品10・1円を入れると合計で3種類が存在することになる。

先発品は1メーカー1種類だけで販売しているため、すべて同じ薬で自分の薬局の在庫と組み合わせて問題はないが、ジェネリック医薬品の場合、販売しているメーカーが複数あり、同じ一般名の銘柄でも薬の見た目や色、値段も若干違うので、同じ薬として使用することは薬局としては不便である。このため、自分の薬局で採用しているメーカー以外は、使いづらいという理由で購入しない事情があり、ジェネリック医薬品特有の売れ残り問題が生じている。

私が運用しているサイトでも、メーカーによりジェネリック医薬品の販売率が異なり、売れ残りが発生する大きな要因にもなっている。例えば、麻雀などを経験した人には分かると思うが、同じ数字の牌を３つ集めれば役（ポイント）になるとする。しかし、同じ青い色をした牌で競技をしているのに、違う赤い牌が混入した場合、表向きは同じ数字に見える牌を３つ集めても、裏が違う色の牌が混入すれば、役が成立しないことは分かるはずだ。

私たちのサイトで、同じ名前のジェネリック医薬品が販売されても、流通量が少ないジェネリックメーカーが売却されず採用できない施設が多い理由の一つであり克服したい課題である。2025年3月現在、会社全体で購入する側の薬局数は、会員全体の10％程度の法人である。ただ、どの薬局がどんな薬を購入しているかの実績を公表することは、患者からの風評被害を受ける可能性も考えられるため、購入している薬局を口外しないように気をつけている。

一方で、売買を仲介する私の立場としては、別に買い手の数が増える必要は実はない。

購入してくれる側がある程度、確保できているので、今の状態でもほとんどの薬品の売買が成立している。逆に買い手が増えると、競争が激しくなって買いにくくなるため、買いたい人の満足度が下がる。つまり今の割合でちょうど良いとも考えている。

『何をもって公平といえるのか？』

既存販売システムの限界

次に取り組んだことはＥＣサイトの構築である。販売システム担当者を１人配置し、今までの経験を踏まえて販売サイトを新たに作り始めた。実際、まともに運用できるサイトに変更するまでに半年くらい掛かってしまったが、無事に稼働し始めた。

薬を販売する際、何も考えずに早い者勝ちのシステムを最初は採用していた。複数の薬を同時に公開できず、一つずつ公開し、公開したそばからどんどん売れて、画面から消えるシステムを採用していた。買い手も早く見ないと良い薬が買えないため、キーボードを連打することになる。そうすると、意味のないアクセスが増え、サーバーが落ちることになり、負の連鎖が止まらなかった。

また、早い者勝ちは公平でない。ずっとサイトに張り付く必要があり、相手の時間を奪うことにもなる。早い者勝ちのシステムに限界を感じた私たちは、オークション形式の販売を導入し、ＥＣサイトの再構築に踏み切った。

しかし、オークション形式を導入し、いざ運用を開始すると、早速トラブルが発生してしまった。当たり前のことではあるが価格が変動して、売却価格が高くなった。そのため、私たちのサイトを利用するメリットがなくなり、購入する人が減ってしまったのである。明らかに購入サイトの閲覧数が少なくなってしまい、この仕組みでは運営側も面白くない。発展性に欠ける、まったく意味のないサイトになってしまった。

オークションにすれば、売上の増加が見込まれ、私たちの取り分が増えて良いと思う人がいるかもしれない。しかし実際は違うのである。確かに、私たちの収益は売上総額、そしてその総額に掛け合わせた手数料率に基づいて計算されるが、オークション形式による利益の変化は思っているほどない。

例えば、ある薬局が私たちの提供するオークション形式で薬を購入するとする。この場合、購入側が競えば、販売価格が高くなり、商品の売却価格は上がる。しかし、胴元である私たちの会社が得られる手数料は、販売した価格に固定の割合12％を掛けた金額であり、価格が上昇してもその影響はごくわずかにとどまる。

具体例で考えてみるとより分かりやすい。仮にある薬の定価（薬価）が100円だったとする。その薬がオークションにて80円で売れた場合、私たちの手数料収益は80円に12％を掛けた9・6円となる。一方、仮に同じ薬が70円で売れた場合、手数料収益は70円に12％を掛けた8・4円となる。この差額はわずか1・2円にすぎない。つまり、オークションによって販売価格が多少上がったとしても、胴元の収益増加幅は小さく、全体の利益に大きな影響を与えるわけではないのだ。そもそも、薬価から70円、80円ぐらいの値段が、落札金額の上限で取引されるのにも、大きな理由がある。

薬局は卸問屋から購入する場合、消費税を支払うため、薬価差、つまり儲けは20％を超えることはまずない。簡単に言えば問屋から通常17％引きで購入できる薬は17％から消費税分10％を差し引き、7％の利益があると考えてほしい。20％引きとは、70円、30％引きの取引で実質20％の利益の確保になる。計算上、10％の利益のある薬とは80円になる。20％引きの価格80円で購入できれば、通常の7％よりも安く購入できる計算だ。しかし、まず、消費税分があり10％引きである90円以上の購入まで競り合うことは、通常

図１　販売価格と手数料

残り期限	販売価格(対薬価)	
	先発品	後発品
15 カ月以上	**70%**	**60%**
7 ～ 14 カ月	60%	50%
6 カ月以下	30%	30%

売買が成立した時点で薬価の 10％が手数料として発生します。

薬品の残りの使用期限により一律で価格を設定します。

の値段よりも逆ザヤ（儲けがないのではなく赤字）である。このため、90円以下で入札額は必ず決まる。当然、私たちの手数料がこの金額に含まれるので、最高でも80円や70円台の値段で取引が行われていることは簡単に分かるはずだ。

逆に、値段を固定することで、私たちの儲けは大きくなった。それは私たちが販売価格ではなく、薬価（定価）の10％を手数料として受け取っているからである。この場合、薬価が１００円であれば、10円の手数料を確実に得られる。一方、オークション形式では販売価格が80円や70円になることもある。この場合、手数料率が仮に12％だったとしても、80円の場合は９・６円、70円の場合は８・４円しか手数料が得られない。この差からも明らかなように、価格を固定して薬価の一定割合を手数料として受け取るほうが、収益の安定性と金額の面で有利なのである。

さらに、私たちの手数料収益は「買い手」と「売り手」の両方から得られる仕組みとなっている。例えば、薬を売る薬局からも薬価に基づく手数料を受け取るため、販売価格が固定されていれば収益がさらに増加する。現在のデータによると、薬価の平均手数料率は約18・6％に達している。この割合をもとに計算すると固定価格のほうがより収益性が向上するのである。

販売システムとして守るべき大義

オークションにより価格が上がると、買い手側の顔ぶれが固定されることになった。実際にオークションになると、薬を買うのは地方の薬局ばかりになったのだ。というのも、日本では場所によって薬の販売にかかるコストが大きく違い、販売価格も大きく変わってくる。地方の薬局に販売するほうがコスト高になり、普段、高い納入価で購入している地方の薬局は、オークション形式の販売でも、地場の卸問屋から購入するよりも、現実的に安かったからである。実際の納入価が大きく違う理由は配送料の転嫁にある。

具体例として、広島県尾道市のような山間部にある薬局を挙げる。この地域では薬を供給するために、山を登り下りする必要があり、ガソリン代などの配送コストが都会と比べて格段に高くなる。さらに、薬品問屋の配送頻度も都会のようにはいかず、かつて週６回の配送が行われていたものが、週３回や週２回に減少するケースもある。このように、地方では配送のコストが高く、効率的な流通が難しいためコストを下げられる余地が少ない。

一方、都市部では状況が全く異なる。例えば、私の薬局がある神奈川県川崎市高津区溝口のようなエリアでは薬局が密集しており、１回で10軒から20軒分の薬を容易に配送できる。効率の良い取引ができると、配送コストが抑えられ短時間で多額の売上を増やすことが可能である。具体的には、20～30分で数千万円分の薬が流通することも珍しくない。このような高効率な流通構造により、都市部ではコストを引き下げることができる。

となると、例えば１００円の薬価の薬の販売でも、都市部では実際のコストは80円、地方では１００円ということが起こるのだ。オークションという仕組みでは実際に落札するのが、もともと納入価が高い地方の薬局ばかりになることが容易に想像がつくであろう。

このままでも、廃棄される薬を有効利用するという大義は達成されているかもしれない。しかし私はこの状況をどうしても公平とは思えなかったのだ。それは私の考える大義の感覚にすぎないかもしれないが、何かがゆがんでいるような気がした。だからこそ、どうしても価格を一律に決めて、早い者勝ちだった元の販売金額に戻したかったのだ。しかもそのうえで、不平が起こらない新たな仕組みを考え、提供することにこだわった。

購入側の購買意欲を高めるためにオークション形式の弊害、販売価格の上昇をどうしても止めたかった。さらに、オークション形式を始めて、売却側から「オークション形式になって高く売ってくれてありがとう」と言われたことがないことを思い出した。薬局の経営と現場サイドから考えると、そもそもデッドストックになった医薬品の正確な薬価を誰も覚えていない。高額な薬や安価な薬程度しか知識を持っていないのだ。売り手側が、出品した薬品の名前すら覚えていないこともある。そんな諸事情を踏まえ、オークション形式で高額になった販売価格を、固定した値引きに戻す判断をした。

一方で、買い手からしてみれば少しでも安く買いたい心理がある。当然「安く買えてうれしい」という喜びの言葉はもらうわけである。となると、全体の満足度を高めるにはどうしたらよいか。やっぱりオークションは避けて価格を固定し、なるべく安い価格で売ったほうがよい、という考えが頭をよぎった。

抽選も早い者勝ちも公平ではない

ここまで「公平」という言葉を多用してきた。その中でこのように考える人もいるかもしれない。「公平さを求めるのであれば、抽選でよいではないか」と。

確かに、抽選は一見して公平そうに見える。誰にとっても同じ確率だからだ。しかし、ここには大事な前提が抜けている。人によって、商品によって、「欲しさ」は異なる。これを無視して確率だけそろえることが果たして公平だといえるだろうか？

例えば、テーマパークで人数を限定しているショーがあったとする。このショーは人気が高いため、抽選でチケットを割り当てている。1枚のチケットを2人で抽選するとして、一人は年間パスポートで月に3、4回は来る人。もう一人は遠方から来ていて、これが人生最後のチャンスかもしれない人。この2人に同じ50％の確率を割り当てることが果たして「公平」といえるだろうか？　あくまで私見だが私にはどうしても公平だとは思えない。

抽選は一見公平に思えるが、実際には必ずしもそうではない。最近は〇〇ガチャという言葉が流行っているが、例えば親ガチャ。これは、親は自分で選べない、人生は生まれた場所で決まる、完全に運、ということを表している。くじ引きで決めれば、完全に運なので、それは公平なはずである。しかし、この〇〇ガチャという言葉は、ほとんどネガティブな文脈で使われる。公平なはずなのに、公平ではないわけだ。

また、早い者勝ちはどうだろうか――。これも誰であろうと購入する機会が平等に与えられるので公平に見える。しかし、自由な時間がある人と忙しく働いて仕事の予定がある人、どちらが店に並びやすいだろうか？　これは果たして公平なのだろうか？　私に言わせれば結局、どちらも公平ではないのである。

お金がものを言うオークションも、人間の感情から考えるとまったく平等ではない。例えば、バーゲンのオークションで10万円の服が1着だけ3万円で売られていたとして、お金に余裕がある人が、3万円を払うのは痛くもかゆくもない。「まあ、買っておくか」と缶コーヒーを飲むように考えられるのかもしれない。しかし、日々の生活から考えると３万円を出して購入をするのは……と躊躇している人が「この服が気に入ったから、どうしても買いたい」と食費を半年切り詰めてお金を貯める。この服を買える権利をお金だけで競うのが、果たして良いことなのであろうか。

私にとっては抽選も早い者勝ちもオークションも公平とは認めがたいシステムに思えた。

負けた理由に納得できれば、公平といえるのではないか

このように何が公平かというのはとても難しい問題である。しかし、一つ分かっていることは、早い者勝ちやオークションから、私たちは今の仕組みに変えたことで、圧倒的にクレームが激減したことである。つまり、「買えない」という文句が減ったのである。

クレームは顧客に不満があるから生まれる。「買えない」と言われて、早い者勝ちにしてみたり、オークションにしたりしてみた。しかし、それでもクレームは減らなかった。早い者勝ちも、オークションも人間は公平には思えないのだ。

逆に今の仕組みにしてクレームが減ったということは、人はこの仕組みであれば公平と感じられるということでもある。この取引の仕組みが顧客に公平だと感じてもらえた理由、それは自分の「意思」が入っていることと、「数値」で当確の事実が表せることだと私は考えている。

つまり、ダメな理由が分かっていること、そしてその理由に自分の意思が関与していることが重要なわけである。例えば、自分の小説をある賞に応募したとする。それが落選だと知らされて、その理由が分からなければ不満になる。小説の質なら仕方がないかもしれないが、その理由がはっきりしないと「審査員の知り合いしか受賞しないのではないか」とか、「最初から出来レースで、ある特定の人間の宣伝なのではないか」という疑いを持ってしまう。当然、納得することはできない。

また、万が一にも理由が明確になったとして、それが自分の関与できないものであれば納得できない。例えば、チケットの当選者が「あ」で始まる名前の人に決められていたとして、それは自分ではどうすることもできない。そういう条件だと、人は納得できないのである。一方でこれをじゃんけんで決めたとすると、完全な運ではあるが、自分自身が決定に関与している。この場合、当選できなくとも少しは納得しやすくなる。このように自分が関与する割合が高いほど、人は納得しやすくなる。この人間心理への気づきがゲルト誕生への大きなカギとなった。

『ゲルトとはどのようなものか』

ゲルトの発想が生まれた背景

ゲルトの発想が生まれたのはクライアントからもらった「前日に買った人に、ペナルティを与えてくれ」という言葉からだった。つまり、無事に希望の薬を買えた人が、連続して同じ薬を買えないようにしてほしいという要望である。

早い者勝ちでもオークションでもさまざまな問題が出てきてしまう。しまいにはクライアントから買えた人に対するペナルティまで要求されてしまったのである。

誰もが納得のいくかたちで販売の優先順位を決めるにはどうすればよいのか――。私はそれ以降、何か解決方法はないかと四六時中考えていた。そんななか、鳥取県の大山の麓にあるたいへん人気がある遊漁船の受付での出来事が大きな転機となった。

私は現在、釣りが趣味でかなりのめり込んでいる。自分で釣った魚を調理してもらうために、会社に厨房を作り、専門のシェフによる会員制のイタリアンレストランの経営にまで乗り出した。レストランでは、従業員向けに福利厚生として社員のための食事をふるまうこともある。実は、それは単なる趣味とは違う部分でもある。仕事の判断を行うときには、無心で釣りをしている時間がいちばん有効であると自分の特性を知っているため、考え事をする場合、海に出るのだ。

釣り船では、場所取りが釣果に大きな影響を及ぼす。例えば、船首側は潮の流れが有利に働きやすく、いちばん釣れやすい場所とされる。一方で、風向きや潮の流れが変わると船尾が最適な場所に変わる場合もある。また、周りの人から離れているほうが釣りがしやすいという事情もある。釣りの成果はどの席を取るかで変わり、公平とはほど遠く運もあるのだ。その日私が乗った船は、公平になるように、くじで席を決める方法を採用していた。しかし私は、釣り船のどの場所で釣るのかを決める際、くじ引きで場所を割り振る方法に違和感を覚えた。くじ引きは一見平等に見えるが、条件や結果に納得がいかないことが多い。

そもそも釣りに対してそこまで成果を求めていないこともある。友人と一緒に釣りに行ったら、やっぱり近くで話をしながら楽しみたい。しかし、くじで決めてしまうとバラバラな位置になってしまう。

私も船長と話をすることが好きで釣りをしているという一面もある。だから、普通は釣れないと避けられる船のいちばん後ろの位置を好んでいた。しかし、そんな私がくじで、いちばん釣れやすいとされている船の先の席になった場合、釣りの成果で考えると公平で良いのかもしれないが、個々の嗜好が反映されないのである。

さらに、その釣り船ではポイントカードを発行し、貯めたポイントで商品の値引きを受けられる仕組みがあった。私はこれを利用できないかと考えた。つまり、ポイントの数を利用して自分の希望の席を選ぶ仕組みだ。この発想が、顧客からの要望と結びついて「リバイバルゲルト」が生まれたのである。

リバイバルゲルトの仕組み

ゲルトの仕組み自体はいたって単純である。しかし、「なぜわざわざそのようなことをするのか」という疑問が生じる人がほとんどである。身の回りに同じようなモノがないので、その意味が理解しにくいからだ。

しかし使ってみると、必ず良さを理解してもらえるものだと確信している。エジソンの発明した電球を見て、電気を知らなかった多くの人が、ロウソクとは違う電球が醸し出す明かりや機能に対して、その素晴らしさに驚いたであろう。しかしながら、電球を見たことがない人から見れば、電球の設計図を見せられても、何がどうなのか理解できないのも当然である。

ゲルトはオークションと同じような仕組みである。やること自体はオークションと同じようなことを想定してもらえばよい。ただオークションの仕組みとは別に押さえるべき特徴が3つある。

1つ目は「入札」に投入するのが、お金に代わり「ゲルト」という単位であることだ。ここでいうゲルト方式は単なる優先順位を決めるためだけに利用する。価格は固定されていて、最大のゲルトを提示した人がその価格で購入できる権利をもつ。

2つ目はオークションの場合、入札した金額がリアルタイムでほかの人に見える形になっているが、ゲルト方式では公開されない点にある。入札中、商品に提示されている最大のゲルト数をリアルタイムでは公開しない。必要ならば、落札者が決定したあと、公開してもよいと考える。

最後の３つ目は、購入が決定した人のゲルトは没収されてなくなるが、買えなかった人のゲルトは元の人に戻る（リバイバル）ことである。ちなみに、ゲルト方式は、当選者の人数が１人でも複数人でも、入札に参加した者から希望する人数に振り分けることが可能となる。

この３つの特徴に注意して、ゲルトを使った購入者決定の手順を見てほしい。まず、薬は59ページの図2のようにWｅｂに公開される。ここでは販売価格が固定されており、今後も変わることはない。誰が何ゲルトを使っているかは分からない。分かるのは入札している人数だけである。

そして、購入希望者はこの商品に対して、ゲルト（ポイント）を入札する。そのゲルトをどうやって手に入れるかは、あとで説明するので今は忘れてほしい。とにかく、購入希望者はゲルトというポイントのようなものを持っていて、それを使って入札する。

例えば図３のようにある薬に5人の購入希望者がいて、Ａさんは５０００ゲルト、Ｂさんは３０００ゲルト、Ｃさんは２９００ゲルト、Ｄさんは４５００ゲルト、Ｅさんは

2500ゲルトで入札したとする。

このとき、何人の入札希望者がいるかはサイトで確認できるが、何ゲルトで入札しているかは一切表示されない。相手が何ゲルト出しているかを考えずに、自分の手持ちにあるゲルトの中から自分の考えで入札する数値を提示する。これが、購入ができなくても納得感が生まれる根拠、つまり自己責任である。

この図に示した例の場合、Aさんが最高の5000ゲルトを提示しているので、購入者はAさんに決まる。Aさんが事前に決められた価格である3万円で購入できることになる。よく間違える人がいるのだが、5000ゲルトを提示したからといっても、5000円引きで買えるわけではない。ゲルトは購入の優先順位を決めるもので、お金のような価値はない。あくまで購入金額は決まっていて3万円なのである。

このあとは、購入したAさんは5000ゲルトを没収される。しかし、購入できなかったほかの4人が入札したゲルトはそれぞれ戻ってくる。当たり前のようだが、これがゲルトの大事な特徴である。

図２　リバイバルゲルトを使った入札の例

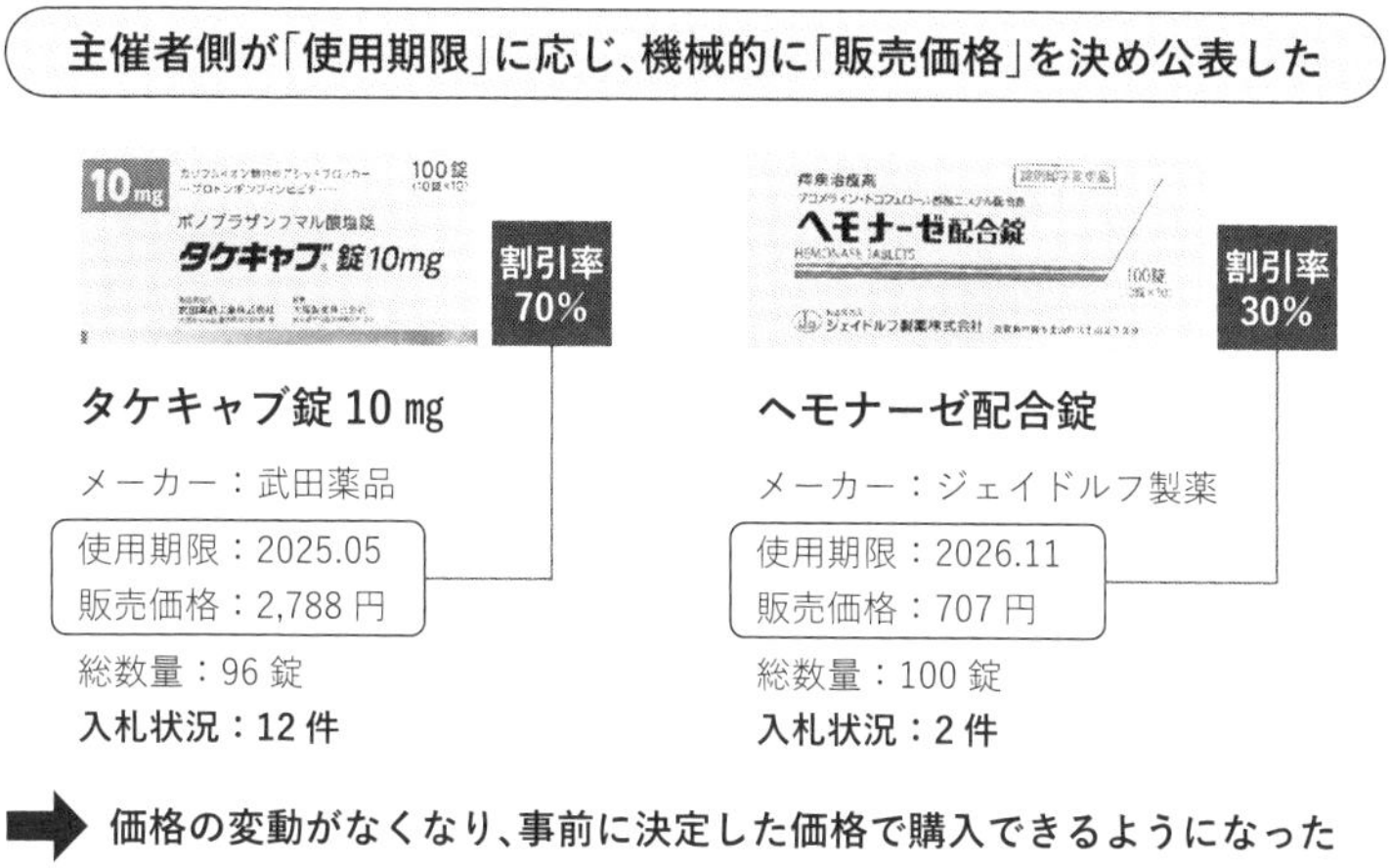
主催者側が「使用期限」に応じ、機械的に「販売価格」を決め公表した
タケキャブ錠10mg
割引率
70%
タケキャブ錠 10 mg
メーカー：武田薬品
使用期限：2025.05
販売価格：2,788 円
総数量：96 錠
入札状況：12 件
ヘモナーゼ配合錠
割引率
30%
ヘモナーゼ配合錠
メーカー：ジェイドルフ製薬
使用期限：2026.11
販売価格：707 円
総数量：100 錠
入札状況：2 件
価格の変動がなくなり、事前に決定した価格で購入できるようになった

図３　リバイバルドラッグでの実用例

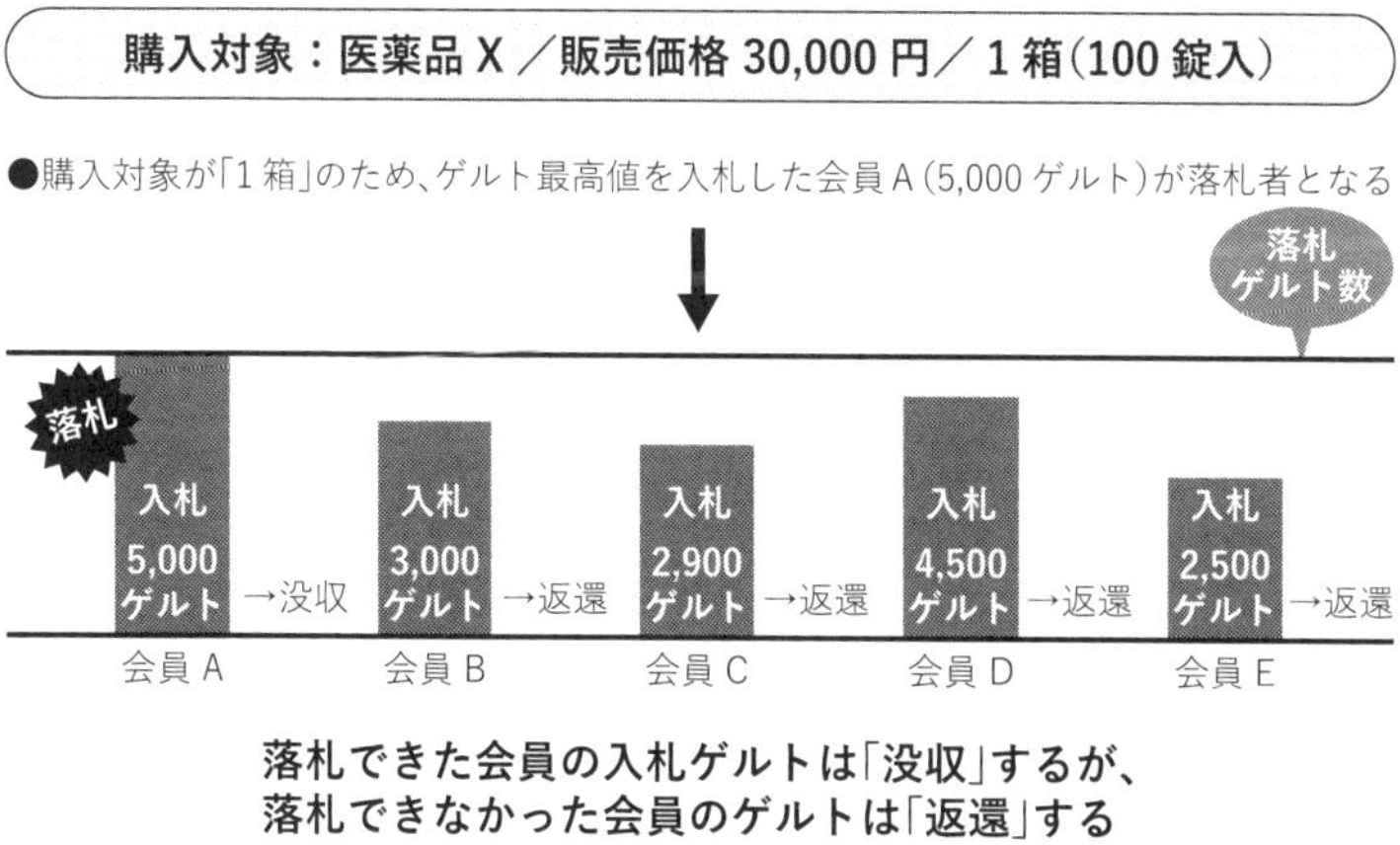
購入対象：医薬品 X ／販売価格 30,000 円／ 1 箱（100 錠入）
●購入対象が「1 箱」のため、ゲルト最高値を入札した会員 A（5,000 ゲルト）が落札者となる
落札ゲルト数
落札
入札 5,000 ゲルト →没収
入札 3,000 ゲルト →返還
入札 2,900 ゲルト →返還
入札 4,500 ゲルト →返還
入札 2,500 ゲルト →返還
会員 A
会員 B
会員 C
会員 D
会員 E
落札できた会員の入札ゲルトは「没収」するが、
落札できなかった会員のゲルトは「返還」する

ゲルトのシステム開発

こうして私たちの会社では取引システムにゲルトを取り入れることになった。ゲルトのシステム開発は比較的順調に進み、コスト面や技術的な側面でも大きな問題はなかった。

もともと私たちはゲルトの導入前、オークションシステムを用いて価格で競る方式を採用していた。そのため、ゲルトの導入は既存のオークションシステムを基盤として、改良を加える形で進められた。結果的に一から新しいシステムを開発する必要がなく、費用を抑えることができたのだ。

ゲルトの仕組みは、オークションのように価格を競わせるのではなく、価格を固定しつつポイントで優先順位を決めるものである。ゲルトの導入により、価格の変動がなくなり、納得感を高める透明性と公平性が向上した。システム的には、入札にはゲルトを使用し、落札者からはゲルトを没収、落札できなかった人にはゲルトを返還する仕組みが新たに加えられた。オークションシステムでは、落札者から金額を引き落とすことだけでよかったが、ゲルトシステムではポイントを戻す処理が必要であり、ここが開発上の主なシステム的な違いであった。

実際の開発費用は、既存システムの改良にとどまったため、比較的安価に収まった。見積もり工数からも、技術的には特段問題はないことが分かった。ゲルトシステムの導入だけでなく、入札者への通知機能の修正やサーバーログの算出といった付随する作業も含めても、システム変更が煩雑でなかったようである。

システム変更作業の中で唯一技術的に手間がかかったのは、ゲルトの返還や引き算の仕組みを導入する部分だった。この新機能により、ユーザーが自分のゲルトを効率よく管理できるようになり、また公平性が確保された。

「数字は誰に対しても平等である」

『ゲルトをどのように配布するか？』

ゲルトの配り方がビジネスを決める

ゲルトの使い方はそれほど難しいことではない。一方で、実際にゲルトをビジネスに取り入れる場合は、ゲルトをどのように配るかが重要になってくる。この配り方がゲルトの活用範囲を決めるといっても過言ではないかもしれない。私自身がビジネスとしてさまざまな配り方を採用しているが、そのほかにも楽しい配り方が考えられるかもしれない。

ゲルトの配り方を決めるのは企業側の考え方次第である。ここは公平とか平等というより、販売店側から見て、どのような有効性があるビジネスモデルを作りだせるかであると私は考えている。

私の思うゲルトの配布方法としては、大義として大きく3つあると思っている。1つ目がプレミアム会員と通常会員との格差をつけること、つまりプレミアム会員のロイヤリティを上げるための方法である。２つ目が販売する商品の価値を上げるために配る方法。３つ目がすべての参加者に公平に平等に商品を振り分けるために配る方法である。

常連のロイヤリティを上げる

常連のロイヤリティを上げるためには、今のポイントサービスと同様に購買してくれた顧客に配るのが有効だと考える。例えば「購入額の10％のゲルトを配る」というようにしておけば、みんなが欲しがる希少性のある商品を販売するときに、普段からひいきにしてくれてゲルトを貯めている顧客に公平に売ることができるわけである。

ほかにも、顧客の誕生日や会員登録記念日には、特別なボーナスゲルトを贈ることで特別感を演出することもできる。レビューや口コミの投稿に対してもゲルトを付与することで、顧客の声を集めつつ、ほかの顧客への信頼感も強化できる。

友人を紹介した顧客と、紹介された友人の双方にゲルトを付与する「紹介プログラム」も効果的であろう。さらに、定期購入やサブスクリプション契約で通常以上のゲルトを提供することも可能で、長期的な利用を引き出せる。

アプリを活用した顧客向けには、アプリのダウンロードや初回利用でのゲルト付与が有効であり、アプリ経由での購入やチェックイン時にもボーナスゲルトを設定することもあり得る。特定のアイテムやサービスを複数回購入することでボーナスゲルトが貯まる「スタンプラリー」方式も、顧客の購入頻度を高める一つの手法である。

ソーシャルメディアでの商品シェアを促進し、シェアに対してゲルトを提供することで、顧客によるブランド認知度のさらなる拡散が期待できる。期間限定のキャンペーンや季節イベントでゲルトが通常の倍または3倍になる施策も特定時期の購買を促進すると思える。

顧客満足度調査や新商品のアイデア募集などのアンケートに答えてもらい、ゲルトを付与することにより、顧客の声を反映させつつロイヤリティ向上につなげる。新規顧客に向けて初回購入特典のゲルトを多めに設定し、リピーター獲得の動機づけとする。

このようにゲルトの付与を利用することで、既存顧客のロイヤリティを高めることができる。ゲルトの配り方は結局、配る側のアイデア次第なのだ。

売りたい商品を売ることができる

薬の転売市場を作る私たちが、薬品の廃棄を削減できたように、ゲルトを活用することで、農作物や食品などのほかの商品にも応用できるはずだ。食品が良い例になる。一般的に、牛乳などの食品の賞味期限が近づくと値引きが行われるが、それでも購入されず廃棄に至るケースが少なくない。特に、賞味期限があと10日ある商品と４日ある商品が並んでいる場合、多くの消費者は期限が長いほうを選ぶ傾向がある。その結果、期限が短い商品は徐々に売れ残り、最終的には値引きされても廃棄される運命をたどる。

値引きに関しては、廃棄期限が近づくにつれ、２割引き、３割引き、半額と徐々に割引率を高めていくことが一般的である。商品は売れるが、販売店側にとっては値引きはデメリットである。割引による利益の減少だけでなく、さまざまなトラブルの原因につながることもある。例えば、店員が値引きシールを貼る時間帯には、特定の商品を狙って待機する客が増える。ほかの客を押しのけて商品を確保しようとする行為が問題視されている。さらに、事前に商品をカゴに入れて値引きシールの貼付を店員に要求するケースの報告もある。加えて、すでに貼られた値引きシールを剥がし、別の商品に貼り付けることで不正に割引を受けようとする人もいる。これらの問題によってほかの客が不快に感じるだけでなく、店員とのトラブルを引き起こす要因となっている。

ここでゲルトを使用すると、もっときめ細かなシステムができる。期限が10日ありいちばん長いもの、提供していちばん新しいものにはゲルトの付与は0、少し短い8日後が期限の食品にはゲルトを5付与する。また期限切れが3日後の商品には18ゲルトを付与する、といった柔軟な対応が可能になるのだ。ゲルトは優先順位を決めるためのもので、値引きにはつながらないので、このような販売方法をとっても、すべて同じ価格で販売できることで店舗の利益が損なわれることはない。ゲルトの付与の効果で、消費者が自主的に古いものを選択し、通常ではあり得ない、期限が短いほうから購入する文化の醸成、廃棄を減らしてくれる効果が期待できるのだ。

さらにゲルトのメリットはほかにもある。値引きの場合は0円以下の数字は存在しないから、半額、7割引きなど、値引きの金額には限界が存在する。しかし、ゲルトには、価格は関係ないので、理論上はいくらでも付与することができるのだ。この特徴により、店側がコントロールできる数値、範囲がより広くなる。ゲルトはポイントビジネスとは違い、単なる価格調整の手段を超えた方法として、廃棄削減や利益確保という課題を解決する可能性を秘めている。

販売者側にとっては、期限が短い商品以外にも売りたい商品はあるだろう。例えば、一回試してほしい新製品やメーカーの奨励金があるキャンペーン中の商品、販売が低調で在庫をなくしたい商品などである。これらの商品を売りたいときに、今までは値引きでしか対応できなかった。しかし値引きを行うと、店の利益率が下がることはもちろん、商品のブランドイメージを下げることにもつながる。その代わりにゲルトを配布するという形で、値段を維持しながら販売促進を行うことが可能となり、ゲルトを導入することで販売者側の売りたい商品を売る方法が広がることになる。

売りたい人に売ることができる

商品の特売を行うとき、企業側はお店のファンに優先的に販売して、顧客のロイヤリティを高めたいと思うものである。逆に、いろいろなお店の価格を比較しながら、特売品だけを買っていく顧客は、あまり来てほしくないというのが、店側の本音である。しかしながら、公平性などの観点から早い者勝ちなどにせざるを得ない場合がほとんどだ。

早い者勝ちの場合、行列になることも多い。しかし、行列ができることは販売店にとっては、逆にさまざまなデメリットをもたらすことになってしまう。

ここでゲルトを導入すると、普段その店を使ってくれている人、店が売りたい商品を買ってくれている人にゲルトが付与できて、優先的に特売品を販売することが可能となる。しかも、それを公正に行うことができるわけである。これは店側のイメージを向上させることにもつながる。

商品によってはある特定の顧客に売りたい場合がある。ここでは少し極端ではあるが、私見として英国の高級車ロールス・ロイスを例にして考察してみる。ロールス・ロイスはブランドイメージを維持するため、購入者の社会的地位や信用度も重視している。購入希望者は財務状況を確認されることがあり、高い経済力と社会的な信頼が求められる。販売店は単に車を販売するのではなく、ブランドの価値を守ることも求められているのだ。

よって、ロールス・ロイスの購入は、ほかの車ブランドとは異なり、特別なプロセスを経る必要がある。まず、購入希望者は正規ディーラーを訪れ、専門のセールスコンサルタントと面談する。この段階で、購入者のライフスタイルや好み、要望を詳細にヒアリングし、それに基づいて最適なモデルやカスタマイズオプションが提案される。購入手続きの中で特筆すべきは、ロールス・ロイスが提供する高度なカスタマイズの選択肢である。購入者は外装の色、内装の素材、装備品の仕様など、細部に至るまで個別に指定することができる。その結果、世界に一台だけの特別な車が生み出される。

完成した車両は厳格な品質検査を経て、購入者の元に届けられる。納車後も専任のサービスチームによる定期的なメンテナンスやサポートが提供され、車両の最良の状態が長期間維持されるよう配慮されている。

このように、ロールス・ロイスの購入は、単なる車の取引ではなく、ブランドの哲学を共有する特別な体験である。購入には高い経済力だけでなく、ブランドへの深い理解と共感が求められる。これが、ロールス・ロイスが「お金だけでは買えない」とされるゆえんである。

販売戦略上、特定のカテゴリーの顧客に優先的に販売したい場合がある。女性客を狙いたいであるとか、若い顧客を取り込みたい、という販売戦略である。しかし、露骨に「女性限定」などとしてしまうと、ほかの層の不満も出やすく、公平感に欠けるイメージが出てしまう。そこで、ゲルトを取り入れ、優先したい層にゲルトを配布することにより、より公平感をもって優先顧客を取り込むことが可能になるわけである。

「導入して分かったゲルトの知られざる価値」

ゲルトを配布するだけで市場が活性化する

まず私たちのゲルトの配り方、これは創設初期の段階でさまざまな試行錯誤から生まれ構築されていった。ゲルトは入札や落札のためのポイントとしての機能を有するが、システムを導入したばかりの頃は、前提として顧客がその仕組みを理解し、実際に利用できるようになるために大量のゲルトを無料で配布することにした。

具体的には、すべての顧客に一律で1万ゲルトを配布した。当時は何も考えず、まずは「入札に参加してもらうこと」を目的に配った形だ。その後も、定期的にゲルトを一律に配布した。配布時期は特に決まっておらず、記念日や節目に合わせてゲルトを配布することが多かった。この大量配布をすることにより、ゲルト市場が一気に活性化し、多くの顧客が初めての入札を行うきっかけとなった。

しかし、ゲルトを手にした顧客の反応はさまざまだった。人気がない薬品に少ないゲルトで入札する「慎重派」もいれば、大胆に多くのゲルトを投入する「積極派」もいた。このような使い方の違いが、市場全体を面白く活性化させる結果となった。また、配られたゲルトが使われる中で、「もう少し多く使ってみよう」「これにも入札してみよう」といった好奇心が働き、参加者が増えていった。

初期段階では「1万ゲルトは配りすぎたのではないか」という声もあったが、参加者が増え、システムへの理解が深まることで、その効果が十分に表れた。また、このゲルト配布の戦略は、新製品のプロモーションにも似ている。駅前で新しいお茶を無料配布して「これはおいしい」と感じた人が商品を購入するように、ゲルトを配布することで、まずはシステムに触れてもらい、その後、自発的に参加を続けてもらう仕組みを築いた。

さらに私は、売却側である薬局が在庫になっていた薬を販売する際に、その販売価格の10％相当のゲルトを売却者に配る仕組みを採用している。このシステムは、取引を活性化させる目的で導入したものである。ゲルトは入札時に必要となり、これがなければ入札に継続して参加することができない。市場の流動性を保つためにゲルトの保有は必要不可欠なものだと考えている。

採用当初は、ゲルトの配布率は5～6％と控えめであったが、参加者から「もっとゲルトを増やしてほしい」という要望が寄せられたことを受け、現在の10％に引き上げられた。ゲルトが不足すると入札に参加できない人が増え、取引が停滞してしまう可能性がある。そのためゲルトを十分に供給し、取引に参加できる環境を常に整えたのだ。

ゲルトの割合を増やして配ったことは、薬品の取引に新たな参加者を引き込む効果もあった。特に多くの薬局にとって人気がない薬が、ほかの薬局では必要な場合もある。ゲルトが少量でもあれば、入札に挑戦しやすくなり、結果として社会全体としての廃棄数を減らせた。このように、ゲルトの配布は単なる販促ではなく、会社全体のビジネスモデルを支える柱となっている。

ちなみに、私たちのサイトに初めて医薬品を掲載する場所をリバイバルＢＩＤと呼んでいる。このＢＩＤ内でゲルトでの入札を行い、売却先を決めている。しかし、このＢＩＤの入札時点で、どこの薬局にも購入されなかった薬品が生まれる。その薬品を移行させ再販売する場所をリバイバル倉庫と呼んでいる。

２０２５年3月現在、サイト内でいちばん新しいゲルトの配布方法は、このリバイバル倉庫内にある薬、メーカー名、銘柄、規格がまったく同じ薬が複数あった場合、期限が近い順にゲルトを付与して販売する方法だ。

通常、リバイバルＢＩＤ、つまり入札で販売する場合、ゲルトを使用して販売を行うが、その逆で、リバイバル倉庫内の販売では、期限が短い薬品に関してはゲルト数を大小に変動して付与するシステムを作った。期限に応じてゲルトを変動して配布すること、すなわち、期限が短い薬品と長い薬品がある場合、期限が長いほうが、使用する側にとって、期限切れのリスクが少なく購入しやすい。しかし、本当にそんなに長い期間の期限は必要なのか――。そんな疑問から「有効活用を再認識してもらうことを目的」として、期限に応じてゲルトの数値を変動して付与する方式を採用した。期限が迫った商品から順番に、多くのゲルトを付与し、買い手側は、ゲルトの数値を確認し、期限に応じた判断で購入する仕組みを構築、期限切れで廃棄される予定の薬品を、一つでも多くあとに残す工夫をしている。同時に、同じ商品をクリック一つで一律に画面に反映でき、なおかつ、同一薬品を一覧に期限が短い順に並び替える機能も導入した。つまり、残り期限と付与ゲルトを比較しながら、商品を選べるようにしたのだ。

繰り返すが、同じ種類の薬が大量に売られている場合、それぞれの商品に期限に応じたゲルトを設定する。同じ薬が棚に並び、期限が近い商品には10ゲルト、少し余裕のある商品には7ゲルトを付けるといった形だ。期限が短い商品を選んでゲルトを多く獲得するか、期限が長い商品を選ぶかは顧客のニーズによって選ぶことが可能となった。

このシステムは、スーパーでの牛乳の販売方法に採用してほしい考え方だ。実際、新しい牛乳は棚の奥に、期限が迫った牛乳は目立つ位置に置かれていて、期限が近くなると割引されることもある。この方法を採用することで、売れ残り商品を効率的に販売しつつ、消費者に選択の自由を与えられるようになる。

最新の賞味期限、いちばん長い期限の商品と、期限までには十分期間があるが少し短い期限の商品がある。選択肢として、消費者がどちらを選ぶのかは自由である。購入者にエコ活動は求めてはいけないが、期限が長いほうを選ぶことは、良心の呵責がよぎる場面でもある。

その解決方法は、期限が短い商品にゲルトを付与する特権を与えることで、消費者心理を変えることだ。スーパーなど小売店もこのような日数に応じたゲルト配布の仕組みを導入することで、商品の廃棄ロスを最小限に減らし、消費者にとってもゲルトを集める選択肢を広げることができる。

私たちはこの仕組みにより、売れ残り問題への対応が大きく前進したと考えている。

ちなみに、従来のポイントを配布する手段もあるが、ポイントの配布は値引き行為にあたり意味をなさない。

ゲルトシステムの反響

ゲルトのシステムを導入してからの顧客の反応は、実は最初からポジティブだった。心配する従業員もいたが、新しいシステムに対して、「何これ」という戸惑いの声が上がることはほとんどなかった。多くの人がすぐにシステムの操作方法を理解し、自分なりに活用を始めてくれたのである。システムの説明を最小限にとどめて、実際に使いながら慣れてもらうという方法が功を奏した形だ。しかし、「すべてのゲルトを一度に使い切ってしまった」「どのくらいのゲルトを積むべきか分からなかった」という声が少数ながら聞かれたため、あとから使い方に関してアドバイスすることもした。

また、一部の顧客は、ゲルトを値引きと勘違いするケースがあった。具体的には「１５００円の商品に35ゲルトを入れたら、35円引きになるのですか」という質問が寄せられた。このような顧客に対しては、ゲルトは値引きのためのポイントではなく、「落札の優先権を得るための数値」であることを改めて丁寧に説明した。

また「この商品を確実に落札するには何ゲルト必要ですか?」という問い合わせも少なくない。これはオークション形式のように、入札状況が公開されないシステム特有の質問である。入札に必要なゲルト数は、そのときの競争状況やほかの参加者の入札ゲルト数によって大きく変動する。よって、確実な答えを提供することができないと説明している。そのうえで、入札ゲルト数は公開しないという方針が、公平性を保ち、射幸性をあおらないための重要な要素であることも伝えるようにしている。

ちなみに、私たちがオークション形式を採用していたときも、実は射幸心をあおらないように、入札されたゲルト数の推移は公開していなかった。このことで、ゲルトの導入時から会員の人たちからの質問は少ないと思っている。

ゲルトのシステムを導入したことで、顧客には変化が生まれた。まず最も印象的だったことは、入札に参加する顧客の離脱がほとんどなくなったことである。以前のオークション形式では、価格が高騰しやすく、購入できない顧客からの不満が多く、次回の参加が少なくなった。しかし、ゲルトの導入によって、購入者と非購入者の納得感が大きく向上したのだ。

　また、ゲルトの採用と同時に、商品の価格設定も工夫した。具体的には、薬の使用期限に応じて割引率を段階的に調整する仕組みを2段階で取り入れた。当初、使用期限が半年以上ある薬は一律30％引きで販売し、売り手側に有利な運用をし、期限が半年を切った場合には逆に70％引きとする購入者側に有利な1回だけの値引き割合の変更運用だったが、この期限の設定を変更し、7カ月から14カ月の間は40％引きという中間の割引設定期間を追加した。この3回変更する値段の調整により、割引率が変わる30％引きと40％引きの境目になる14カ月と15カ月残る段階に出品する数が増え、結果的に、使用期限が長く残っている間に出品されることで、廃棄されるリスクも少なくなり、売り買いがさらに盛んになった。期限内に売却される確率が高くなったのだ。

　売る側の薬局が在庫を処分する決断が早まり、買う側も期限の長い新しい薬品が増えることで満足度が向上したといえる。

　さらに気付いたことは、売り手側と買い手側の心理的な変化である。売り手側は「高く売れること」よりも「在庫を処分できること」に価値を見いだす傾向が強かった。このため、30％引きや40％引きで売却することに、さほど大きな抵抗がなく、むしろ「決断ができ、たくさん売れてよかった」という感謝の声が多かった。一方、買い手側からは、より多くの選択肢が増えたこと、特に40％引きの薬が増加したことで、喜びの声が聞かれるようになった。

これらの変更でも、システムの基本的な部分はほとんど変えることなく運用できた。ゲルトによる入札システムは、価格の変動を防ぎながら顧客に納得感を提供する仕組みとして機能し続けている。全体として、顧客の満足度が向上し、売り手と買い手の双方がWin-Winの関係を築けるようになったことが、ゲルト導入の大きな成果であると考えている。

ゲルト導入のメリット

ユーザーにとってゲルトのメリットとは、購入できる可能性が公平に生まれることである。あるものが欲しいとして、抽選だと何分の一の確率でしか買うことはできない。しかし、ゲルトであれば欲しいものにはゲルトを多く積めば購入できる可能性が増えるのだ。また、そのように購買者の決定に自分の意思が介在する余地がある。それが購買者の納得感を生むのだと考えている。どうしても欲しいと思えば、ほかの商品には目もくれずにその1点にゲルトを積めばよい。

入札したゲルトの数は基本的に公開しない。しかし、どうしても納得できない人がいれば、教えるケースがあってもよいとは思っている。それを教えれば納得せざるを得ないであろう。「100万ゲルト積んだのに、買えないとはどういうことか」と言われても、「いや、200万ゲルトを積んだ人がいました……」と答えれば納得せざるを得ない。


また、私たちのサイトの会員は、全員医療や薬局の関係者で、薬を通してビジネスを行っている。つまり商売のために薬を購入している。しかし、ビジネスであっても、ゲルトの仕組みによるエンタメ性は魅力となっている。

つまり、ゲルトのユーザーの中にドキドキ感が良い、という方がいるのだ。この感覚はオンラインガチャやゲームの要素に通じるもので、参加者は落札できるかどうか分からない期待感を楽しんでいる面がある。

ユーザーは毎朝システムをチェックし、「欲しい薬があるかな」と探すルーティンが日常生活の一部になっている。そして、自分の提示したゲルト数で落札できるかどうかを待つ時間が緊張感と楽しみを生む。「落札できた！」という喜びや、「惜しかったな……」

という悔しさを体験しながら、次回への期待感を膨らませているのだ。

ゲルトの仕組みは、ただの取引ではなく、エンタメ性を持っているのだ。課金制オンラインゲームのような、努力や運で成果を得る楽しさも加わり、システムそのものがユーザーにとって楽しい活動になっている。さらに、オークション形式のようにお金を積むのではなくポイントであるゲルトの大小で判断するため、落札後の大きく変動した支払いを考えなくてもよい。ゲルトは換金性のないものなので、リスクが少ない。このゲルトから生まれるドキドキ感が、多くのユーザーを惹きつけている理由の一つだと考えている。

第3章

購入希望者だけでなく、販売者側にもメリットがどれだけ発行しても損しない〝非金銭的ポイント〟ゲルトの真価

『価格を固定することの意味』

価格の固定は公平性への前提条件

「オークションと同じような仕組みであれば、オークションでよいではないか。なぜわざわざゲルトなんて新しいものを持ち出すのだ」という問いへの答えはいたってシンプルである。それは「価格を固定することができる」からである。

オークションの場合、当然ながら落札する価格が変動する。しかし、ゲルトを使った取引では価格を固定させることができるのだ。それが最大の特徴となる。例えば、入手困難なアーティストのライブのチケットがあったとする。日本の法律では違法ではあるが、もしオークションで販売すると、とんでもない金額の高騰が予想できる。しかし、ゲルトを使うと、売り手側が売りたい価格で入札販売することができるのだ。

ただ、それを説明しても、まだピンとこない人もいると思われる。つまり「価格を固定することに何の意味があるのだ」という問いである。

価格を変動できない商品も存在する

普段は意識しないかもしれないが、世の中には価格を変動できない商品というものが結構存在している。例えば、書店で販売する書籍は、基本的に価格を自由に決めることはできない。書店が独自に仕入れたものなど一部例外もあるが、書籍の価格が自由に変えられない理由は、再販制度（再販売価格維持制度）によるものである。再販制度とは、特定の商品に対し、メーカーや出版社が小売業者に対して販売価格を指定し、その価格での販売を義務付ける制度である。これにより、書籍や雑誌といった商品の小売価格は、全国で統一され、自由な価格変動が制限されている。

日本の再販制度は「著作物の普及」と「文化の保護」を目的としており、出版社や著作者が意図した価格で流通させることで、全国どこでも公平に書籍が購入できる環境を維持している。具体的には、「独占禁止法第23条」に基づき、書籍、雑誌、新聞などの定期刊行物に関して、再販売価格の維持が例外的に認められている。通常、商品価格を小売業者に強制することは独占禁止法によって禁止されているが、文化の保護を目的とする書籍などに限り、特例として再販制度が適用されているのだ。

この制度により、書籍の価格は市場の需要や供給に左右されずに維持され、書店ごとに価格が異なることがない。これによって書籍の安定供給が図られ、地域や規模を問わず、どの書店でも同じ価格で販売されることが保障されている。このため、書籍に関してはダイナミックプライシングのような価格の自由変動は許されず、出版社が設定した定価を変更することなく販売する義務が課せられている。

また日本では、スポーツイベントやコンサート、公演などのチケットに関して、不当に高額で販売することが禁止されており、定価での販売が基本とされている。これは、消費者保護と公正な流通を確保するための法的規制によるものであり、特に「チケット不正転売禁止法」によって厳格に管理されている。

チケット不正転売禁止法は、「特定興行入場券の不正転売の禁止等による興行入場券の適正な流通の確保に関する法律」の通称で、2019年6月に施行された。この法律では、特定の興行に指定されたチケット（主催者が転売を禁止しているもの）について、購入者の許可を得ずに定価以上での転売を行うことを禁止している。違反行為に対しては、1年以下の懲役もしくは100万円以下の罰金またはその両方が科される可能性があり、チケットの価格を不当に引き上げられること、転売業者が利益を得ることの防止が目的である。

この法律によって、チケットは主催者が設定した定価での販売が義務付けられ、特定の人気イベントにおいても価格が不当につり上げられることがないよう管理されている。また、定価での販売が徹底されることで、消費者は安心して正規の価格でチケットを購入でき、公平な観覧機会が保証される。

このように、日本ではチケットの定価販売が原則となっており、需要に応じた価格変動（ダイナミックプライシング）は厳しく制限されている。これにより、誰もが公正な価格でチケットを購入できる環境が維持されている。

また、ゲルトは薬の再販から生まれたわけではあるが、薬価も国からの公定価格として設定されている。医療費の負担を公平にし、国民が安心して医療サービスを受けられるようにするための制度である。繰り返すが、薬価は国の行政機関である厚生労働省によって定められ、患者に対して医療機関や薬局で処方される医薬品について全国共通の価格として適用される。

薬の公定価格は、製薬会社から出荷される医療用医薬品の卸価格とは異なり、国の医療費負担を抑えるため、薬の効果や他国の価格、既存薬との比較などの観点から決定され、価格は、通常毎年行われる薬価改定によって見直され、新薬が登場したり、特許が切れたり、医療制度の状況が変わるたびに価格が調整されている。

この公定価格制度により、患者側は医療機関や薬局から安定した価格で医薬品を利用でき、また、医療費の全国的な統一が図られる。ゲルトは私たちのビジネスから生まれたが、その背景として薬価が強く影響していることは事実である。

このように患者に対しての処方は、薬価基準を遵守することが法律で定まっているが、私たちは薬局と薬局との間での取引の中で、値引きした販売の新しい手段を見いだし、優先順位を決めるゲルトを使ったユニークな販売方法で購入者を決めている。

固定された販売価格（薬価）から一律に値引きした金額を決め、その薬品が、誰もが欲しがる需要と供給が合わない薬品であった場合、ゲルトの数から公平に決め販売できることは容易に理解できたと思う。

価格を変動させることによってイメージが低下する

さらに、法律上では価格を変動させられる商品であっても、あえて価格を固定する場合もある。

２０２４年時点では、東京のビジネスホテルの宿泊料金は急激に上昇している。その背景には、訪日外国人観光客の増加、インフレ、国際イベントの影響などが挙げられる。特に、２０２４年の国際的なスポーツイベントや会議の開催により、需要が高まり、宿泊費の高騰が顕著である。

具体的な例として、東京都新宿区のあるビジネスホテルでは、インバウンド需要を受けて宿泊料がコロナ禍前より約６割上昇している。また、東京ホテル会によると、加盟する約２６００のホテルの平均客室単価は、２０１９年８月の１万８０４円から２０２４年８月には１万６５５６円となり、約１・５倍に高騰している。

一方、ダイナミックプライシングの手法は、ＡＩとビッグデータ解析の進化により、多くの業界で採用が進んでいる。需要と供給の変動に応じて価格をリアルタイムで調整するこの手法は、収益の最大化と消費者満足度の向上を両立させるものとして注目されている。特に、スポーツイベントやエンターテインメント業界では、事前にチケット価格を需要に応じて変動させることで、収益の最適化が図られている。

ただし、このようなダイナミックプライシングの導入は課題も存在する。消費者にとっ

図４　平均客室単価の推移

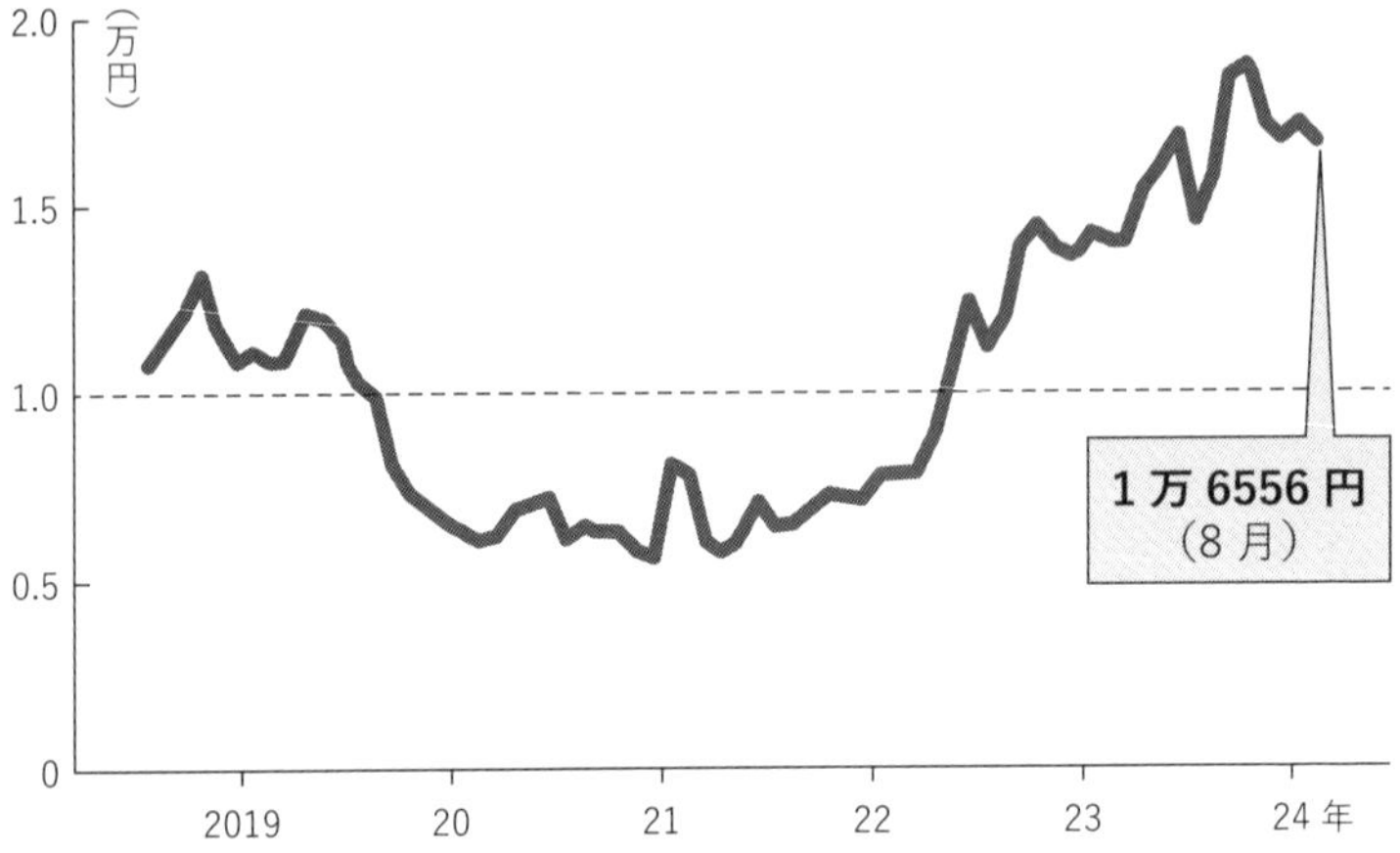

読売新聞オンライン『あの日の就活生に伝えたい「メディアの役割」』2024年9月27日より作成

て価格の大きな変動は混乱を招く可能性があり、公正さや透明性が欠けると感じられる場合もある。あくどいとブランドイメージの低下につながる恐れがあるのだ。現に私としても、ホテルに泊まるときにダイナミックプライシングが過度なチェーン店は使わないようにしている。こんな消費者は決して少数派ではないと考えている。また、価格で損をすることが苦痛で、繁忙期の旅行自体をやめてしまうこともあり得る。

さらに価格が高くなると、顧客の期待水準が上がる。つまり同じサービスの提供では、顧客の満足度が下がり、ブランド力を下げてしまうことにつながるのだ。実際に価格が高くなるピークシーズンは、相対的に顧客満足度が下がることが確認できている。これはもちろん、長期的には収益に悪影響を及ぼすことになる。

それを考慮して、あえてダイナミックプライシングを取り入れない、もしくはダイナミックプライシングを緩くする宿泊施設もある。宿泊施設の場合、閑散期の価格と比べて、繁忙期の価格を倍程度に設定することは一般的であろう。しかし、実際には倍の価格でも繁忙期はすぐに予約が埋まってしまい、均衡点はそれよりも高かったりする。しかしそれでも、価格変動はある一定の範囲にとどめるのである。

しかし、どうしても繁忙期の需要が高くなり、優先順位を付ける必要が出てくるわけである。そんなときにゲルトを使った販売方法が有効となるのだ。

無料提供したい場合

最後に価格を0としたい場合である。つまり無料配布だ。

企業が商品を無料配布する際には、さまざまな目的が存在している。読者プレゼントや景品提供のような形で行われる無料配布は、単なるサービスではなく、企業にとって重要なマーケティング手法の一つとなる。

商品を無料で提供する最大の狙いは、商品の認知度を高めることである。特に新商品やあまり知られていない商品を市場に投入する場合、無料で試してもらうことで多くの人に商品を知る機会を作り出せる。雑誌の読者プレゼントやテレビ番組の景品は、普段その商品に触れる機会の少ない人にも、商品やブランド名を印象づけるきっかけとなる。

さらに、無料配布は消費者に商品を体験させる手段としても活用される。例えば、車の販売店が、新型車を一定期間無料で試乗できるキャンペーンを実施することがある。このキャンペーンを通じて、消費者は新しいモデルの運転感覚や快適性を実際に体験することができ、その車の魅力を実感する。単なるカタログや広告では伝えきれない価値を消費者に伝え、購買意欲を起こす機会となる。

食品業界では、新商品をスーパーの試食コーナーで提供することがよくある。消費者がその場で味を確かめて気に入れば、購入につながる可能性が高い。また、化粧品ブランドでは、店舗やオンラインで試供品を無料配布することが一般的だ。例えば、スキンケア製品やファンデーションのミニサイズを消費者に配布することで、その効果や使用感を実際に試してもらい、満足した消費者をリピーターとして取り込むことができる。

このような体験型プロモーションは、消費者が商品を身近に感じられるだけでなく、口コミを通じてその良さが広がるという二次的な効果もある。満足した消費者が周囲に製品の良さを伝えることで、広告以上の宣伝効果を生むことが期待できる。また、抽選などに落ちて無料では入手できなかったとしても、応募という行動をしたことで商品が気になり、結局お金を出して購買することもある。

商品に対する信頼感が高まり、結果としてブランドへのロイヤリティが向上する点も見逃せない。企業にとって、無料配布はブランドイメージの向上にも寄与する。気前の良さやお得感をアピールすることで、消費者にポジティブな印象を与えることができる。特に豪華なプレゼントや景品は、ブランドや企業に対して「太っ腹」や「信頼できる」といったイメージを植え付ける効果がある。これにより、ブランドに対する親近感が増し、長期的なファン層の形成にもつながる。

無料配布には、消費者データの収集という側面もある。多くの場合、プレゼントや景品に応募する際に消費者は名前や住所、年齢、性別といった個人情報を提供する。さらにアンケート形式で好みやライフスタイルに関する情報が収集されることも多い。これらのデータは、企業がターゲット顧客をより深く理解し、次回以降のマーケティング戦略に反映するための貴重な資源となる。

また、無料配布は在庫の効率的な活用にも役立つ。特に販売終了間近の商品や賞味期限が迫っている食品の場合、無料配布は在庫処分の一環として行われる。これにより廃棄コストを削減しつつ、消費者にはお得感を提供することが可能となる。この仕組みは、企業と消費者双方にメリットをもたらす。

無料配布は競合他社との差別化にも寄与する。同じような商品がさまざまなメーカーから販売されている場合、消費者がどれを選ぶか迷うことが多い。しかし、「無料で試せる」という選択肢を提供することで、他社製品に対する優位性を確保できる。消費者がその体験を通じて商品やブランドに対して良い印象を持てば、その後の購買行動にも良い影響を与える。

このように、無料配布には、商品の認知度向上やブランドイメージの強化、消費者体験の提供、データ収集、在庫の効率活用、競争優位性の構築といったメリットがある。商品を求める多数の希望者をメーカー側が選定する場合、ゲルトも一緒に配布して、その商品の魅力だけではなく、次回に活かす活路の構築が可能なのである。

『落札ゲルト数を公表しない理由』

落札ゲルト数を公開しない

ゲルトにまつわる優先順位の決定方法は、すべて私が特許として取得している。その中に、「入札中のゲルト数を公開しない」という条件をわざわざ入れている。これは弁理士や特許審査官にも「公開しないのはなぜですか」という質問を頂いた。オークションとの類似から、それが自然だと考えていると思う。

しかし、私は入札時間内に、ゲルト数を公開すべきではないと考えている。ゲルトは自分の欲しいという思いを「純粋に」数値化したものである。しかし、相手がいると、それより勝らないといけない対抗心から、必要以上に大きな数字を出してしまう。「心にけがれを生むこと」になる。オークションで思わぬ落札額になるのと同じ現象である。しかも、私は入札に対して競うことは求めていない。思わぬ高額で入札してしまうと、そのときは高揚感があったとしても、長期的に顧客の満足度を下げてしまうと考えている。だから、私はサイト内では、落札したゲルトの数値も、現在は、公開しないことを選んでいるが、オリンピックなど、規模が大きな不特定多数へのチケット販売では、入札中は非公開、落札後は、ゲルト数の開示＝根拠の提示をすることで公平感・納得感を得てほしいとも思っている。

また、私はゲルトを「そのとき、欲しい気持ちを数値化したもの」とも考えている。もし毎回、落札したゲルト数を公開していると「相場」というものができてしまう。この相場を形成しないことも意識している。このように、ゲルトの場合、必要とする場合を除き、落札ゲルト数を公開しないのが正解だと、私は確信している。

フェラーリの落札

2024年8月、東京国税局は税金滞納者から差し押さえた高級車フェラーリ「488 Pista Spider」をインターネット公売に出品した。フェラーリ「488 Pista Spider」はイタリアの高級自動車メーカー、フェラーリ社が製造するスーパースポーツカーであり、特に限られた生産台数で希少性が高く、市場でも人気の車種である。この車両は2020年5月に新車登録されており、わずか1073キロメートルしか走行していない低走行車であったため、そのコンディションの良さも注目された。

この公売で設定された最低入札価格は5680万円で、これは東京国税局がインターネット公売を通じて出品した財産として、不動産を除く過去最高額であった。国税局によると、高級車や貴金属、美術品などの公売は税金の滞納者から差し押さえた財産を処分し、滞納額の回収を図るために行われるものである。このフェラーリの公売は、国税局による高額財産の処分方法としても異例のケースとされ、多くの関心を集めた。最終的に、このフェラーリは9430万1000円で落札され、これは不動産以外の公売財産として過去最高額を記録した。

さらに同年10月、東京国税局は別のフェラーリも公売に出品した。今回の公売では、最低入札価格が7130万円と設定され、8月のフェラーリ「488 Pista Spider」の公売を上回る不動産を除く過去最高額を更新した。

このフェラーリの公売は広く報道され、ネットオークションにおける高額取引の新たな事例としても注目された。また、東京国税局はこの公売の成功を受けて、差し押さえ品を活用した税金回収の方法として、インターネット公売のさらなる活用を検討しているとされる。高級車や高額品の公売は、通常の公売に比べて多くの入札希望者を呼び込み、税収増加の手段としても有効とみられている。

公売は「ＫＳＩ官公庁オークション」サイトを通じて行われ、参加者は最低入札価格以上の金額を提示し、最高額を提示した者が落札者となる形式であった。国税局の公売においては、入札者の公平性を保つため、入札金額は非公開とされ、入札者同士の金額が分からない状態で行われる。この非公開入札方式は、不正防止と入札の公正さを確保するための措置である。また、資金力の差が入札の結果に直接影響しないよう配慮されており、通常のオークションとは異なる特徴がある。

このようにオークションにおいても、入札金額を出さないケースがある。美術品のような商品は金額を提示するが、公平性の担保や不正を防止するためには金額を非公開にしたほうがよいわけだ。ゲルトの意義と重なる部分でもある。

ゲルト数が公表されない理由

ゲルトを伴う入札中も、リアルタイムでゲルト数を公開すると、公平な競争を阻害する動きが起こるかもしれない。ゲルトで行われる入札、例えば車を販売した場合、財力や許認可権をもつ一部の権力者がほかの入札者に対して不当な圧力をかけ、入札自体を反故《ほご》にさせる可能性がある。入札中のゲルト数の公開は、談合などの不正行為を引き起こしやすい環境を作り出す。参加者がゲルト数を確認し合うことによって、仲間内で落札者を選ぶ余地が生まれ、特定の参加者が優位に立つように調整する可能性がある。このような状況は、公売が掲げる公正で透明な売却の方針に反するものであり、非公開は入札者間での落札者の操作防止に役立つと思える。

以上の理由から、入札中のゲルト数の公開は公平な競争を損ない、特定の参加者が有利になり得るリスクがあるため、国税庁も同じく価格での入札の際、非公開方式を採用し、すべての参加者が平等な条件で競争できる環境を整え、公売の公正性と透明性を確保している。

ゲルトの本質は欲しいという感情を数値化すること

ゲルトというシステムの本質について、もう少し掘り下げて説明したいと思う。ゲルトは、人々の「欲しい」という感情を数値化したものである。具体的には、複数のアイテムの入札がある場合、参加者一人がそれぞれのアイテムに対してゲルトを積む。例えば、あるアイテムAに100、別のアイテムBに50、さらに別のアイテムCに15というように、自分の欲求の強さを数値で表現することができる。

このシステムでは、最も多くゲルトを積んだ上位の参加者がアイテムを得ることができる。重要な点は、オークションのように入札額が公開されず、結果が決まるまで他者の数値が見えないことである。これにより、他人の動向に左右されず、自分の純粋な欲求と自己責任を数値化できる。

私は子どもの頃、そろばんを学んでいた。その際に「このボールペンは長いか短いか」と問われたことがある。この質問への答えは人によって異なる。大人にとっては普通でも、幼児にとっては長く感じる。つまり、物事の感じ方は主観的であり、「欲しい」という感情も同様にある。

そこで、数字を用いることで主観的な感情を客観的に表現できる。例えば、「どれだけ好きか」を数字で示すことができれば、他者にその強さを伝えやすい。ゲルトはまさにこの原理を活用しており、参加者は自分の欲求の度合いをゲルトの数値で示すのである。

このシステムの核心は、価格を一定に保ちながら、参加者の「欲しい」という感情を数値化し、それに基づいてアイテムの分配を決定する点にある。オークションとは異なり、価格競争ではなく欲求度の競争であり、参加者は自分が所有するゲルトをどのように配分するか戦略を立てる必要がある。

ゲルトの発想は、「欲しい」という感情を数値化することで、人々の主観的な欲求を客観的な指標に変換することである。これにより、公平で透明性のある取引が可能となり、従来のオークションや早い者勝ちとは一線を画す独自のシステムを実現しているのだ。

『ゲルトが戻ってくる理由』

よみがえる金貨

このゲルトの仕組みで重要なことが、落札できなかった場合、ゲルトは返還されることである。一般的なオークション形式では、最高額を入札した人だけがお金を払う。それから類推すると、これは当然かと思うかもしれない。しかしこのゲルト方式での返還作業は、実は画期的なことである。

ゲルトは優先順位を決めるためのものである。しかも、お金とは交換できないものであるから、通常、落札できたか、できないかにかかわらず、没収されてしまうと考えるのが自然である。しかし、落札できなかった人のゲルトを戻すことにより、参加する人にとっては、公平な売買が可能となるのである。

ゲルトを導入する前、私たちの顧客から、早い者勝ちで購入者を決めることに不満の声をもらった。早い者勝ちだと時間の都合で、どうしても購入できない人がいる。

この不満を解消する簡単な方法は、一日10個までと商品を買える個数を制限してしまうことである。スーパーの特売で一人1パックと制限するのと同じ発想である。しかし、これだとうまくいかない。市場に出ている多くの商品のうち、人が競るほど欲しがるのは一部の商品である。たしかに、人が競っている商品を買った人が、同様に競っている商品を買えなくするのはよい。ただし、そうでないものを制限しても、それは売り手と買い手ともにビジネスの機会を失うだけの結果となる。

そこで、点数制を取り入れることが良い解決策となった。皆が欲しがる商品を買う権利を得るためには、たくさんのゲルトが必要となる。そうでない人気のない商品は少ないゲルトでも購入できる。購入できなかった人はゲルトを没収されないから、次の商品が出品されたときに、前回落札し、ゲルトを没収された人より理論的には優位となるのだ。このようにゲルトのシステムは商品を買う権利が得られなかった人に、ゲルトを返却すること、「よみがえらせる」ことが大きなカギとなっている。

この「よみがえる」という表現を、ドイツ語でいう金貨＝ゲルトに加え「リバイバルゲルト」と命名した。よみがえる金貨により、取引の公平性が保たれるわけである。

入札者が一人の場合

入札は、複数の人がいるから成立するゲームである。しかし、入札者が一人だった場合、入札は成立するのか、という疑問が浮かぶ。

答えは、一人だけの入札に使用されたゲルトは返還することだと考えている。

ゲルトは優先順位を決めるために使うものである。入札者が一人の場合は、結論としては、優先順位を決める必要がない。よって、ゲルトは返すほうが望ましいという結論になる。

私たちの会社で初めて薬品を販売するときは、ゲルトを使った入札サイト（リバイバルＢＩＤ）で購入者を決める。しかし、落札されなかった薬品は、ゲルトが不要な「倉庫」と呼ばれるサイトに移して継続販売される。もしも、一人しか入札者が存在しない場合でもゲルトが没収されると仮定すると、ゲルトを節約するために、あえてゲルトの市場ＢＩＤでは入札せずに、ゲルトが不要なサイト（倉庫）に移るのを待ってから買うのが合理的となるだろう。しかし、これはお互いに効率が悪い。欲しい薬であれば、なるべく早く取引したほうが良いからだ。だから、このような心配をしなくてよいように、一人の入札の場合はゲルトを返還するルールを作った事情もある。

『値引きを避けられる』

ポイントシステムは値引き

ゲルトに似たシステムとして、真っ先に思い浮かぶのが楽天ポイント、Ｖポイント、ｄポイント、Pontaポイント、PayPayポイントをはじめとしたポイントシステムであろう。

ポイントシステムの最大の利点は、顧客のロイヤリティ向上と集客力の強化である。例えば楽天等のポイントは、広範な提携ネットワークとブランド力を活用することで、新規顧客の獲得やリピーターの増加につなげている。特に中小企業にとってそのシステムを利用することで大規模な顧客基盤にアピールできる点は魅力的だ。消費者はポイントを貯めて次の買い物で使用できるため、コスト意識の高い層にも支持されやすい。

また、ポイントシステムは競争力の強化にもつながる。例えば楽天では、キャンペーンや割引企画をポイントシステムと組み合わせることで、消費者の購買意欲を刺激するイベントを定期的に開催している。このようなイベントは、特に競争の激しい市場で他社との差別化を図る有効な手段となる。さらに、ポイント付与や管理の自動化により、企業の管理負担を軽減する効果もあり、中小企業にとっては運営コストの削減につながる。

このようにポイントシステムは顧客のロイヤリティを高め、リピート利用を促進する強力なマーケティングツールであるが、その運用にはさまざまな課題が伴う。

最大の課題は、システム維持にかかるコストである。ポイント還元は事実上の値引きに等しく、顧客のリピート購入を促進する一方で、企業の利益を圧迫する。特に、楽天の「スーパーポイントアッププログラム（ＳＰＵ）」のように高い還元率を提供するプログラムは、顧客には魅力的であるが、企業側には大きな負担をもたらす。

従来のポイント制度は、顧客に「お得感」を提供し、リピート購入を促進する強力なツールである一方で、企業側にとっては値引きと同様の効果を持ち、利益を圧迫するリスクがある。楽天ポイントの例では、最大17・5倍の還元率という高い水準が顧客に歓迎される一方、その負担は企業の収益を大きく圧迫した。

このように、ポイント制度は顧客ロイヤリティの向上に貢献する一方で、見過ごされがちな側面もある。特にポイントの発行は値引きにつながりやすく、直接的な費用増加を招く。結果として、企業の利益を圧迫する要因となっているのにもかかわらず、この影響が十分に認識されていないケースも少なくない。

ポイントをゲルトに代える理由

ポイントの発行が、値引きに直結する問題を解決するためには、ゲルトの使用が有効的と考えている。

ゲルトは、企業が求める顧客ロイヤリティを高めるための新たな手法、従来のポイントプログラムにあるさまざまな問題を解決できるツールとしての役割を秘めている。特にポイントをゲルトに交換することで、金銭の値引きを避けられる点は、企業にとっては魅力的であろう。

ゲルトは「値引き」ではなく、あくまで顧客に対する優先順位を提供する仕組みを用いるため、企業の利益を直接削ることがない。しかしながら、ゲルトを活用して希少な商品やサービスへの購入権が得られるので、顧客はポイントと同じようにゲルトを集めるための努力をするであろう。このプロセス自体がほかのポイントと同様に顧客ロイヤリティを高める効果を持つ。

ゲルトは金銭的価値がないため、企業が抱える未使用ポイントの引当金問題のような会計上の負担も発生しない。この点でも、ゲルトはポイントシステムに比べて、持続可能なシステムであるといえる。ゲルトを導入することで、企業は値引きに頼ることなく顧客ロイヤリティを高めることができるのだ。

行列や申し込み殺到の混乱を回避できる

行列は賑わいを感じさせる一方、店や地域社会にさまざまな悪影響を及ぼす。まず店側は、業務負担が増加する。行列が発生すると、スタッフは通常業務に加えて行列の整理やトラブル対応を行う必要がある。また、行列が混雑を嫌う顧客を遠ざけて、売上機会の損失が起こることもある。実際、ある洋菓子店で人気商品を求める行列ができたとき、ほかの商品を購入する顧客が混雑を避けて別の店を選ぶケースがあとを絶たないと店主が嘆いているのを聞いたことがある。

さらに、警備に関する負担も増加する。大規模な行列では、混乱を防ぐために警備員の配置が必要となるが、これには当然コストが伴う。新商品の発売やセール時には、警備費用がかさむだけでなく、行列内での割り込みやけんかといったトラブルに対応する必要が生じる。過去には、大型家電量販店の初売りセールでトラブルが発生し、警察が出動する事態となったケースもあった。このようなトラブルは企業の印象も大きく悪化させる。

行列の影響は周辺地域にも広がる。行列が歩道を占拠し、交通渋滞が発生することがある。行列客が車で来店する場合は、周辺道路の渋滞や駐車場の不足を招くであろう。また、行列中に発生する騒音やごみの問題も深刻である。並んでいる間に飲食したあとの包装やペットボトルが放置され、周辺環境が悪化することもある。このような状況は、周辺住民にとってストレスであり、苦情や抗議が増える。顧客の行為であるが、その怒りの矛先が企業に向かう場合も多い。

さらに、行列の影響は地域のイメージにも及ぶ。観光地で行列が頻繁に発生する場合、訪問者の「混雑していて楽しめない」というイメージは悪影響を及ぼす。例えば、地方都市の有名ラーメン店で行列が駐車場を占拠し、隣接する店舗の利用者が駐車できなくなることがあった。このときはほかの店舗から苦情が寄せられて、行列が制限されることになった。

音楽イベントなどが開催されるときにも、深夜からグッズ販売のための行列が生じ、近隣住民の睡眠を妨げるケースも報告されている。

このような問題が頻発することで、地域全体がネガティブなイメージを持たれる危険性も高まる。行列は企業にとって成功の証しと見なされることもある。しかしながら、過剰になると店や地域社会に負担を強いることになり、その影響は広範囲に及ぶのだ。

ＥＣサイトのアクセス集中の問題

ネットの世界なら、行列のような混乱は起きないかと思えば、そうでもない。ＥＣサイトにアクセスが集中すると運営に支障をきたすことがある。特に、人気商品の発売やセール開始直後にはアクセスが一時的に急増し、サーバーがダウンしたり、ページの表示が遅延したりする障害が発生する。このような障害は、消費者の購買意欲をそぎ、企業の売上機会を損失させる。

具体例として、国内の大手ＥＣサイトで新商品の販売が始まったとき、アクセスが集中し過ぎた結果、サーバーがダウンして購入手続きができなくなったケースがあった。再びアクセスが可能になった時点で、その商品はすでに売り切れとなっていた。購入したかった消費者から「公平性を欠く」「不便である」といった批判が噴出した。企業側にとっても、顧客の信頼を失ったり、ブランドイメージが低下したりする大きな問題となった。

また、別の事例として、大手オンラインストアがブラックフライデーのセールを開始したとき、大量のアクセスが集中してサイト全体がフリーズしたケースもある。この障害により、セール開始直後に購入しようとアクセスした多くの顧客が購入を断念し、ほかのサイトへ移行した。セールは売上増加を見込む機会であるのに、こうした障害が起きると、その期待を裏切る結果となる。

さらに、障害が発生すると、顧客サポートへの問い合わせも急増する。システムエラーに対する苦情や、注文状況の確認を求める電話やメールが殺到し、カスタマーサポートが対応しきれなくなる。この影響で、対応の遅延やミスが発生し、顧客満足度がさらに低下する悪循環が生じる。

アクセス集中による障害は、顧客サービスに悪影響を与えるだけではない。システム障害への対応やサーバーの復旧に追加コストを要するため、企業の運営効率を大きく損なう。特に、システムトラブルが長引く場合、競合他社に顧客を奪われるリスクも高まり、市場での地位に影響を及ぼす可能性さえもある。

こうした問題は、人気商品やセールの際だけに限らず、事前の需要予測が不十分であったり、システムの拡張性が十分に確保されていなかったりする場合にも発生する。そのため、ＥＣサイトにおけるアクセス集中の問題は、技術的な対応や事前の計画だけでは解決が難しい複合的な課題であり、企業の信頼性や収益性に直接的な影響を与える重要な問題といえる。

ゲルトを活用すれば、こうした問題を未然に防ぐことができる。例えば、販売や予約を先着順ではなく、事前にゲルトを利用して購入者を決めておく。するとそれが全体の一部であったとしても、物理的な行列を解消できる。ゲルトの仕組みを導入すれば、消費者は時間や場所を問わず参加できるようになる。特定の場所に集まる必要がなくなって、行列が減る。よって、警備や整理のためのコストも削減でき、周辺環境への悪影響も回避できるのだ。

オンラインでも同様である。ある程度設けた期間を受付時間と設定し、ゲルトでの入札方法を組み入れることで、アクセスの集中を防ぎ、サーバーへの負荷を軽減することができる。例えば、特定の商品を購入するために、ゲルトを使って事前に購入者を決めておき、当選者のみが購入手続きを行う2段階の受付方法を取る。すると、販売開始直後のアクセス集中が避けられ、サーバーがダウンするリスクが低減する。購入者はゲルトによって公平に決められるため、顧客にとっても納得感が高くクレームも出にくくなる。

ゲルトの最大のメリットは、新たな投資コストが少ない点にある。ゲルトは既存のポイントシステムや販売管理システムと統合することが容易で、導入後の運用に大きな負担がかからない。現在発行している1ポイントに対して10ゲルトなどと交換してポイントの削減にも寄与できる。ただし、その逆は不可にする。これにより企業側は劇的に効率よく運営ができ、公平で満足度の高いサービスを顧客に提供することができる。

このように活用することで、行列やサーバーのフリーズといった課題を解決できるうえに、より効率的で公平な販売や予約の仕組みが実現できるゲルトは、企業と顧客の双方にメリットをもたらす革新的なツールとなるのだ。

『転売ヤーを駆逐できる』

コロナ禍におけるマスクの転売問題

２０２０年からの新型コロナウイルス感染症の拡大に伴い、マスクの需要が急増し、転売市場での価格高騰が社会問題となった。例えば、通常1箱50枚入りで数百円程度のマスクが、転売市場では数千円から1万円以上で取引されるケースが報告された。これは定価の10倍以上の価格であり、消費者に大きな負担を強いるものであった。このような状況を受け、政府は2020年3月15日より、国民生活安定緊急措置法に基づき、マスクの高額転売を禁止する措置を施行することになった。

このような高額転売の主役となったのが、いわゆる転売ヤーである。ネットオークションが広がり、消費者が手軽に商品を売買できるようになった。しかし、このネットオークションが転売ヤーの増加を助長している現状も否めない。商品の転売が容易になるため、転売ヤーに商品を高値で売却する機会を与えているのだ。

転売ヤーは、特に限定商品や高需要商品を大量に買い占め、これらをネットオークションで高額転売することで利益を得ている。消費者にとっては、本来正規価格で購入できるはずの商品が、高額なプレミア価格でしか手に入らない状況を引き起こしている。

転売ヤーによるマスクの買い占めは、社会全体に多くの悪影響を及ぼした。問題だったのは、医療機関や高齢者など、通常マスクを必要としている人々が入手困難となり、感染拡大防止の取り組みに支障が出たこと。特に、医療従事者がマスクを再利用し、現場での安全性が損なわれたケースまであった。

消費者心理への悪影響も見逃せない。転売市場での不当な価格設定により、不公平感や不信感が広がり、市場全体への信頼が損なわれた。特に感染症が広がる中で、生活必需品となったマスクが品薄になり、高値で取引されると、多くの人々に心理的ストレスを与え、社会的な不安を増幅させた。

メーカーへの悪影響

このような転売ヤーはメーカーにとっても悪影響を及ぼす。

転売ヤーによる買い占めは、メーカーの供給計画を混乱させた。生産や流通に遅れが生じ、消費者への供給がどんどん遅れていった。

転売ヤーの活動は、メーカーの需給予測を困難にし、生産計画や設備投資の判断にも悪影響を与える。転売ヤーは、商品を大量に買い占めて、需要を操作する。この結果、実際の消費者需要が正確に把握できず、メーカーは市場の動向を見誤るリスクを抱えることになる。

さらに、需給の不透明さは、設備投資の計画にも影響を及ぼす。メーカーは通常、需要の増加に応じて、生産能力の拡大に向けた設備投資を行う。転売ヤーによる一時的な需要の集中が真の需要と誤解されると、過剰な投資を行う可能性がある。逆に、実際の需要が過小評価されれば、供給不足が継続し、消費者の不満が高まる事態を招く。

また、転売ヤーが高額で商品を販売することで、消費者がメーカーに対して不信感を抱くことも問題である。本来、メーカーは適正価格で商品を提供する責任を負う。転売ヤーによる価格高騰や品薄が「メーカーが対策をとっていない」と消費者に誤解される場合がある。これにより、メーカーのブランドイメージが損なわれるリスクも生じる。

ゲルトで転売ヤーを撲滅できる

ゲルトを導入すると、このような転売ヤーを撲滅する有効な手段となる。転売ヤーが希少品を仕入れられるのは、早い者勝ちや抽選といった手段で商品を買い占められるからである。彼らは商品の本来の価値や供給者の意図を無視し、ただ自己の利益を目的として市場を操作する。この結果、作り手や正当な購入希望者が不利益を被り、商品流通の健全性が損なわれる。

ゲルトを導入すれば、商品の購入にゲルトが必須となる。転売ヤーがある程度のゲルトを調達したとしても、ゲルトは使うと没収されてしまうので、買い占めには限度がある。よって、転売ヤーの買い占めが制限できる。

ゲルトを使うと、公平性を維持しつつ、商品を消費者に簡単に分配することが可能になる。特にマスクのように公共性が高い商品において、ゲルトの導入は転売ヤーを排除し、本当に必要な人々に商品を届けることができる。例えば医療機関や学校など公共性の高い施設に優先的にゲルトを配布することにより、希少な品物を入札で落札して供給する仕組みもできる。

『ゲルト活用のアイデア』

アイデア①　東京マラソンの出走権

東京マラソンは、2007年に始まった日本を代表する市民マラソン大会で、毎年2月または3月に開催されている。その規模と質の高さから、2013年には「ワールドマラソンメジャーズ（WMM）」に加盟し、世界を代表する6大マラソン大会の一つとして位置づけられている。２０２４年の大会では、約3万８０００人のランナーが参加しており、プロのエリートランナーから初心者の市民ランナーまで、幅広い層が参加する。東京の観光名所を巡るコース設定も魅力の一つで、皇居、浅草寺、東京タワーといった名所を走り抜けるこのイベントは、国内外のランナーにとって憧れとなっている。

しかし、東京マラソンの人気の高さゆえに、エントリー倍率は非常に高い。近年では10倍を超えることもある。つまり、10人のうち9人が抽選で落選する状況だ。そのため、「何年も応募しているが一度も当選しない」「落選したあとの喪失感が大きい」といった声がランナーから寄せられている。さらに、大会の運営には多くのボランティアが必要であり、その協力が大会成功のカギを握っている。しかし、ボランティアへの報酬はほとんどなく、支給されるのはウェアやキャップ程度といわれている。交通費や食事代も自己負担であることから、「ボランティアをこき使っている」といった批判も少なくない。

このような課題を解決する方法として、ゲルトの活用をおすすめする。例えばボランティア活動や協賛企業の支援に対してゲルトを付与し、そのゲルトをマラソンの出走権などと交換できる仕組みだ。ボストンマラソンでは3回連続でボランティアを務めると、

４回目に出走権が与えられる制度が導入されていると聞いた。ゲルトを通じて東京マラソンにもこのようなことを応用すれば、ボランティア活動に対するモチベーションを高めると同時に、抽選だけに頼ることなく参加者を選ぶことができる。

具体的には、東京マラソンの参加枠の一部を「ゲルト枠」として、そこにゲルトを使用する。つまり、全体の参加枠の中の一部をゲルトで決めるのだ。すると、ボランティアとして一定の活動を行った人が、集めたゲルトを利用して優先的に出走権を得られる。その年に出走した人のゲルトは没収されるし、出走できなかった人のゲルトは戻ってくる。だから、このとき出走できなかった人は次の年に有利になるわけである。

また、企業がボランティア活動を支援するためにゲルトを提供し、そのゲルトを集めたボランティアが出走の優先権を得るシステムも実現できる。例えば、企業が大会運営に協賛し、飲料や物資を提供する代わりに、ボランティア団体などにゲルトを直接付与する。この方法なら、ＣＳＲ（企業の社会的責任）活動の一環としても有効であるし、企業のイメージも良くなる。ボランティア団体が選ぶランナー、企業、主催者すべてにメリットが生まれるのだ。

さらに、ボランティアをする人がみんな出走したいとも限らない。その点ゲルトを使うと、ボストンマラソンを超えた仕組みにすることができる。ゲルトにすれば、ボランティアのメリットはマラソン大会への参加権だけにとどまらない。都の運営するほかのイベントへの優先参加権や、都の関連機関で売り出す希少品を優先的に購入できたりする可能性もあるわけである。こちらのほうが、よりボランティアのモチベーションも高まるし、個々のニーズに応えることができる。

ゲルトは単なるポイントではなく、ボランティア活動や協賛行為を通じて「欲しいという想い」を数値化し、それに応じた優先権を与える仕組みでもある。このシステムを活用すれば、ボランティアを「無償でこき使う」という批判を和らげ、より公正で意欲的な参加を促進できる。ボランティアが「ただ働き」と感じることなく、貢献した対価として出走権を得ることで、満足度も向上する。しかも、ゲルトはお金ではないから、運営側は一切の費用はかからないのだ。

このように、ゲルトを活用することで、東京マラソンの運営がより公正で魅力的なものとなる。抽選の不公平感やボランティアの課題を解決し、多くの人が納得感を持って参加できる仕組みを実現するために、ゲルトの導入は非常に有望な手段といえる。東京マラソンのような大規模イベントにおいて、ゲルトが新たな価値を与える日が来るかもしれない。

アイデア②　大学の授業

特に大規模な大学では、人気のある授業が取りにくいという声が聞かれることが多い。ゼミの配属などは基本的に成績で決まるのだが、「男子優先」とか「女子優先」、「理系優先」や「文系優先」という話もあって、不公平だと声を上げる学生もいる。このような不均衡問題にゲルトが利用できる可能性がある。ゲルトを使うと人気の高い授業や枠が限られている教授のゼミにおいて、公平性と効率性を保ちながら、選抜の透明性を高めることができる。

例えば、入学時にすべての学生に１０００ゲルトが配布されるとする。このゲルトは、授業の選択や学内での活動に使用できる。学生がどうしても受けたい授業がある場合、その授業に多くのゲルトを投入することで、優先的に枠を確保できる。一方、入札の結果、選択した授業が取れなかった場合は、ゲルトをほかの授業の受講に使うことができる。このように、ゲルトは学生の学習意欲に応じて授業を割り当てることができる。単なる抽選や成績順と比べて、より納得感が得られる。

さらにゲルトを取得する方法を工夫すれば、学内の活動を活性化させることもできる。ゲルトの取得方法としては、学内での奉仕活動をしたときであるとか、規範的な行動をしたときなどが挙げられる。具体的なアイデアとしては、キャンパスの清掃やボランティア活動など、学内環境の改善に貢献した学生にゲルトを与える。レポートや課題などの提出物を早く出した学生にゲルトを与える。学祭や学術イベントなど、大学内で行われるイベントの運営を手伝った学生にゲルトを与える。学校のＳＮＳの投稿や入学希望者向けのイベントに貢献した学生にゲルトを与える。一定以上の成績を収めた学生にゲルトを与える。スポーツや芸術などの活動で成果を出した学生にゲルトを与える、などの方法が考えられる。

この仕組みのメリットは、学生が主体的に大学生活に関与するモチベーションを高める点にある。単なる受動的な講義選択ではなく、自らの行動でゲルトを取得して、学内での影響力を増やすことができる。さらにゲルトの場合は、使い道もいろいろ選ぶことができる。好きな授業を取れるでもよいし、学祭で行われる有名人ライブの席の確保でもよいわけである。また、大学側にとっても、学生が主体的にキャンパス運営や学術活動に参加することで、教育環境の向上や評判の向上が期待できるであろう。ゲルトを使うと費用の負担もない。

このように、大学にゲルトを導入することは、教育の場に市場原理を一部導入する斬新な試みであるが、それ以上に、学生の成長を促す環境の構築に寄与する可能性が高い。このアイデアは、単なる選択の手段としてだけでなく、教育そのものの質を向上させる重要なツールとなり得る。

アイデア③　鉄道事業

鉄道事業においてもゲルトの活用の可能性があると考えている。現行のＪＲの鉄道予約システムでは、切符の発売が1カ月前の指定時刻に限られる。よって、数カ月前から旅行を計画している顧客にとっては不満が残るシステムである。例えば、飛行機の早割制度に対しては劣っているように思える。

ゲルトを活用することで、こうした問題を解消し、より魅力的な予約システムを実現できる可能性がある。例えば、繁忙期の特定列車や指定席の一部をゲルトの予約システムで数カ月前から販売する。すると、旅行者は計画を早めに確定できる。これにより、顧客は航空機ではなく鉄道を選択するメリットが大きくなる。早割の必要もない。

また、閑散期や赤字路線では、ゲルトを利用者に配布する仕組みを導入することで、利用促進が図れる。地方路線は維持コストが高いため、値引きすることは容易ではない。しかしゲルトであれば、価格を値引きせずに顧客を引きつける新しいビジネスモデルが構築できる。

繁忙期のチケット販売においては、ゲルトを使った入札制度を導入することで、公平性を確保しつつ、需要と供給のバランスを取ることが可能になる。価格を値引きせずに収益性を維持しながら、顧客満足度を向上させる仕組みを構築できるのがゲルトの最大の魅力だ。

さらに、地方の活性化においても、ゲルトは重要な役割を果たすことができる。地方路線を利用する顧客に多くのゲルトを付与し、それを地域の宿泊施設や観光施設で使用可能にする仕組みを導入する。逆に沿線に予約が殺到する旅館などの施設があれば、その予約に地方路線を利用すると貯まるシステムを利用する。

このようにすると、観光客の増加や地域経済の活性化がお互いに期待できる。鉄道沿線の飲食店や宿泊施設がゲルトを配布・受け入れることで、地域全体での消費を促進し、鉄道利用者を増やす効果が見込まれる。

また列車によって、自由席は混雑しているが、指定席はガラガラということがある。このようにアンバランスなときに、指定席にはゲルトを配布し、無料の自由席の一部は、指定席と同様にゲルトによる入札で配分することも考えられる。特急券が必要ないゲルトでしか予約できない席を導入すれば、行楽シーズンの観光客で混雑する中でも、普段列車を利用してくれる顧客側の満足度を上げ、さらに体に障がいのある人への社会的貢献にも寄与できる。

さらに、通勤通学で混み合う時間を分散させるために、乗車料金を高く設定し、逆に混み合わない時間を安く提供するダイナミックプライシング方式を開始した鉄道もある。そんな試みはゲルトの配布で簡単に解決できる。混み合う時間帯に乗車した場合、ゲルトを付与しない。逆に閑散とした時間帯にはゲルトを付与する。そんな簡単な取り決めで十分な成果が得られる。

環境負荷が低く、クリーンでエコな移動手段としての鉄道の価値を高める点でも、ゲルトは有用なツールになる。ＪＲ、私鉄、第三セクターが連携して地域共通のゲルトを発行すれば、鉄道利用促進だけでなく、持続可能な地域発展の実現にも寄与できる。

以上のように、ゲルトを活用することで、鉄道事業は現在の課題を克服し、新たな収益源と顧客層を確保できるだけでなく、地域全体の活性化にもつながる可能性がある。鉄道が持つエコな移動手段としての価値をさらに引き出し、未来の交通手段としての地位を確立する可能性を秘めているのだ。

アイデア④　駐車場の予約

混雑が激しい駐車場の予約にもゲルトが活用できる可能性がある。例えば、羽田空港の駐車場予約にゲルトを活用することで、利用者の利便性と満足度を向上させることができる。特に家族旅行や長距離の移動において、羽田空港併設の駐車場の予約が困難である現状は、多くの旅行者にとって大きなストレスとなっている。特に夏休みなど、学校が休みの季節は混雑がひどく、見送り客が全く駐車できない状況も招いている。幼い子どもを連れた家族旅行では、駐車場が確保できないことで荷物や子どもの移動が負担となり、旅行の始まりからストレスを感じるケースが少なくない。

現行の羽田空港の駐車場予約は、インターネットを利用した早い者勝ちの仕組みである。このため、現状では予約受付が開始されるとすぐに満車になり、予約を確保できるかは運次第という状況が続いている。

ゲルトを活用した入札制の駐車場予約システムを導入すれば、こうした問題を改善できる可能性がある。空港併設の駐車場から民間企業が運営する周辺駐車場までを一括して予約対象とし、ゲルトを用いた一定期間の入札で優先順位を決定する仕組みを構築する。これにより、需要と供給の調整が可能となり、予約が公平に行われる。

ゲルトを導入することで、利用者が自身のニーズに応じた柔軟な選択を行える。人によっては帰宅が深夜でほかの交通機関がないので、何としても予約したい場合もある。一方で、ある人は近くの駐車場だったら便利だな、くらいの感覚のこともある。この場合、自分が予約したいという気持ちをゲルトによって表現することができる。これがお金であると、単に金持ち優遇になってしまうが、ゲルトだとそうはならない。子どもがいる家庭や、身体が不自由な人に事前にゲルトを配るというサービスも考えられる。

また、空港周辺の駐車場についても、ゲルトを導入した送り迎えサービスを付帯することで利便性を向上させることができるかもしれない。

ゲルトの配布方法についてもさまざまな工夫が考えられる。航空会社のマイルと連動させること以外にも、空港内での消費や提携する地域サービスによって配布する、さらにはパーク・アンド・ライドなどエコな移動手段へ切り替えた人に配布するなど、多様な方法でゲルトを獲得できる仕組みを導入できる。こうすれば、利用者の参加意欲を高めて、エコな行動に誘導することができる。もちろんゲルトなので、追加費用は発生しない。

結果として、羽田空港の駐車場にゲルトを活用したシステムを導入することは、単なる駐車場予約の枠を超え、旅行全体のストレス軽減と利用者満足度の向上につながる。さらに、空港運営や周辺の民間事業者にとっても、新たな収益モデルの創出や地域経済の活性化につながる可能性が高い。

アイデア⑤　百貨店における希少品の販売

百貨店での希少品販売にゲルトを活用することで、現在の先着順販売や抽選販売が抱える問題を大幅に改善できる可能性がある。特に、並ぶ必要がないゲルトの仕組みを導入することで、消費者間のトラブルや販売管理の負担を減らし、より公平で効率的な販売体制を構築できると考えている。時間や空間を有効活用したビジネスモデルである。

現在、希少価値のある商品を販売する際、先着順や抽選といった従来の方法では多くの問題が発生している。例えば、行列の中で発生する消費者間のトラブルだ。転売目的で並ぶ人たちが、友人や仲間をあとから行列に加えることで、購入希望者間での不満や争いが生まれるケースがあとを絶たない。また、抽選販売でも、不公平感や不透明な結果が消費者の不満を引き起こしている。

こうした問題に対し、ゲルトを活用した販売方式は効果的な解決策となる。ゲルトの入札形式を使用することで、購入権を明確にすることができる。例えば、百貨店で販売される商品の中で、購入者が殺到する洋菓子や高級酒などがある。これを販売するときに、ゲルトを使ったシステムにすればよい。すると、先着順で長時間並ぶ必要がなくなる。さらにゲルトを使った販売はオンライン上で行われるため、消費者が商品を購入するために物理的に並ぶ必要がなく、トラブルや警備コストの削減、企業などに勤めていて時間に制約のある人にも簡単に購入できるチャンスが生まれる。しかも、顧客に公平感を与えて、企業のブランドイメージ向上、他社との差別化にも役立つわけである。好きな時、営業時間内にお店を訪れればよい。時間に追われる人にとっては朗報である。

ゲルトのもう一つのメリットは、転売ヤーによる市場の混乱を防げる点にある。転売目的で並ぶ人々に対し、購入のためにはゲルトが必要という条件を設定すれば、単純な早い者勝ちでは購入できなくなる。すると転売目的の買い占めを防ぎ、希少品が本当に必要な消費者の手に届きやすくなる。

また、ゲルトを通じた販売は、消費者と店舗の信頼関係を強化する効果も期待できる。顧客が店舗で買い物をしてゲルトを貯めること、そしてそのゲルトで商品を入手することは、顧客ロイヤリティの向上につながる。さらに、ゲルトの取得方法を店舗での買い物からイベント参加、オンラインレビュー投稿などにも拡大すれば、顧客のエンゲージメントをさらに高めることが可能となる。

このように、ゲルトを活用することで、希少品販売における不満やトラブルを解消し、逆に消費者に公平な機会を提供しつつ、店舗運営の効率化と顧客満足度の向上を図ることができる。〝Win-Win〟の関係である。

アイデア⑥　テーマパークへの応用

近年、テーマパークでは長時間の待ち時間や優先搭乗パスの有料化が、来園者に大きな影響を与えている。例えば、東京ディズニーランドでは、かつて無料で提供されていた「ファストパス」が廃止され、有料の「ディズニー・プレミアアクセス」が導入された。このサービスは1回の利用につき1500円から2500円の料金がかかり、アトラクションやショーの待ち時間を短縮できる。一方、ユニバーサル・スタジオ・ジャパン（USJ）でも、アトラクションの待ち時間を短縮するための有料サービス「エクスプレス・パス」が提供されている。

これらの有料サービスは、時間を有効に使いたい来園者にとって便利だが、追加費用がかかるため経済的負担が増加する。その結果、お金に余裕がある人々が優先的にアトラクションを楽しめる一方で、そうでない人々は長時間の待ち時間を強いられ、不公平感が生じている。テーマパークは生活必需品ではないので、お金で優先権が決まってしまうのはやむを得ないことかもしれない。しかしながら、「夢の国でなく、金の国」など、SNSで悪評が立ってパークのイメージが損なわれ、無視することができない状況と思える。

ちなみに海外においては、さらに状況は進んでいる。2024年10月には、米国のディズニーランドとディズニーワールドで「ライトニング・レーン・プレミア・パス」が導入された。このパスは1日あたり400ドル（約5万6000円　1ドル＝140円で計算）と高額だが、すべてのアトラクションの待ち時間をスキップできる仕組みだ。この新サービスは「金持ち優遇」との批判をさらに高めている。

ここでもゲルトの活躍の余地があると考える。テーマパークでゲルトを活用することで、来場者の満足度を向上させるだけでなく、運営側も効率的にリソースを配分できるようになる。例えば、テーマパークの問題の一つは人気アトラクションに長蛇の列ができることである。訪問者は事前に希望のアトラクションを予約する際にゲルトを使用することで、待ち時間の短縮どころか指定時間も決められる。これにより、遠方から訪れる人や1日で多くのアトラクションを楽しみたい人にとってはスケジュールの組み立てが容易になり、よりきめ細かな楽しみ方になる。ゲルトをたくさん貯めて一気に使えばそれも可能になる。一方で頻繁にテーマパークを訪れる人は、ゲルトを使う機会が多いので、それほど貯まらないわけで、ある意味の公平感が生まれる可能性がある。

ゲルトを取得する方法としては、まずテーマパーク内の施設の利用や飲食や売店などの関連サービスの利用が挙げられる。また、旅行会社で予約したパスの購入者にはボーナスゲルトを付与したり、提携した園外でのショッピングや飲食の利用額に応じてもゲルトを貯められるようにしたりできる。

このように、ゲルトの付与はパーク内の活動に限定する必要はない。例えば、関連する映画を観たり、アンケートに回答したり、ＳＮＳに感想や写真を投稿すること、協賛した企業の商品の購入でもゲルトを獲得できる仕組みも考えられる。これにより、テーマパークに訪問しにくい人でも、そのブランドのファンとなってくれやすくなる。そういう人がたまにパークを訪れるときには、たっぷりゲルトが貯まっているのでアトラクションやショーを優先的に楽しめるのだ。これを不公平という人はいないだろう。

ゲルトには貯める、使うといったエンタメ性があるため、顧客がゲルトを集める過程そのものを楽しむことができる。よって、テーマパークのようなエンターテインメントには特に相性が良いと考えている。例えば、アトラクションに乗るために必要なゲルトを計画的に貯めることを親子で相談したり、ゲルトを活用してテーマパークの限定アイテムを手に入れたりすることで、テーマパークとの関係をより深めることができる。

実際、これらのアイデアを新たな少額の投資で達成できると考えている。

一方で、注意すべき点もある。ゲルトの取得方法や配布基準が不透明だと、不満が生じる可能性がある。イメージを気にするテーマパークでは、明確で公平なルールを設定することが重要なカギとなる。このことを踏まえ、ゲルトを金銭で購入する仕組みがあると、「夢の国」ならぬ「金の国」というイメージが強まるリスクがある。そのため、金銭的な要素だけでなく、訪問者の貢献度やテーマパークとの関わりにゲルトを配る方向性のほうが重要となる。

ゲルトを活用することにより、テーマパークの新たな価値を生み出し、訪問者と運営側双方にメリットをもたらす可能性があるのだ。

アイデア⑦　桜の季節の京都のホテル

桜の季節の京都は、多くの観光客が訪れる特別な時期だが、その美しい桜を楽しむには不確定要素が多い。桜の開花時期は天候や気温に大きく左右され、2月に早咲きする場合もあれば、4月に満開を迎える年もある。さらに、桜のピークはわずか数日で、雨や強風などの天候次第では、せっかくの旅行が台なしになるリスクもある。

そんな状況で、京都のホテルにゲルトを活用した予約システムを導入することで、観光客にもホテル側にも旅行代理店にも大きなメリットがもたらされるアイデアがある。

例えば、旅行代理店が桜のピーク時期のホテルの客室を押さえる。その中の一定数をゲルト専用の予約枠として通常の値段で販売するのだ。開花する３日前からのゲルトを利用した入札を行い、桜を楽しめる最適なタイミングで宿泊でき「最高のおもてなし」をお客様に提供する。この仕組みなら、宿泊者は事前に高額なプレミア価格を支払う必要がなく、桜のピークを楽しむためのプランを立てやすくなる。また、ホテル側も無駄な混乱を招くことはないし、旅行代理店にもメリットがある。それはお得意様にゲルトを配れば、優良顧客を優遇することができるからだ。

また、ホテルがこうしたゲルトシステムを導入すれば、地域経済にも好循環をもたらす。例えば、併設するレストランや土産物店でゲルトが貯まるように一年中キャンペーンを行えば、周辺での消費も増える。特に、新しい施設や戦略的に重要な施設に人を呼ぶために、ゲルトを活用することも考えられる。値引きのように、運営側が疲弊してしまう方法ではなく、もっとスマートに人を呼び込むことができる。

また、旅行代理店も新商品など顧客に試してほしい商品を、ゲルトを配ることによって買ってもらいやすくすることや、同じ旅行ならば特典のある代理店を選ぶ優位性も考えられる。そして、何よりゲルトが優れているのは、ゲルトの発行に直接の費用はかからないので、利益を削ることなく行うことができることだ。

このようなシステムは、京都のホテルだけでなく、全国各地の観光地やシーズンイベントに応用可能だ。桜の季節に限らず、紅葉や夏の花火大会など、時期や人気が集中するイベント時の予約混雑を緩和する手段としても有効である。

第4章

転売ヤーの駆逐や従来のポイントサービスの廃止さまざまな応用の可能性があるゲルトは社会を大きく変える

『企業側が顧客を選べる世界を作る』

企業が顧客を選ぶことは難しい

明らかに害悪である転売ヤーは極端な例ではあるものの、企業にとって望ましくない顧客に販売したくない場合もあるだろう。顧客は企業を選ぶが、企業が顧客を選ぶのは難しい。現代の消費市場では、企業側が顧客を選ぶ自由が制限されていることが問題だと考える。

例えば、高級な希少商品を、外国に転売したい人に渡るケースを考えてみよう。企業は本来そのような顧客を対象に販売したいわけではない。そのブランドを愛してくれる消費者に販売したいはずである。しかし、現在の仕組みでは、どの顧客に商品が渡るかを企業がコントロールする手段がほとんどないのが実情だ。

さらに、飲食業界にも同様の課題が存在する。例えば、ある寿司店において、きつい香水をつけた客が来店し、ほかの客や料理人に不快感を与えるケースがある。このような状況でも、現在のシステムでは店側が顧客を選別することは難しい。さらにそんな傍若無人な客が、食べログなどの評価サイトにおいても、低評価をつける傾向がある。その結果、店全体の評価が下がってしまう。店側にしてみれば「来ないほうがよい」と思うような客でも、現在のシステムでは拒否するのが困難なのである。

さらに、医療分野にもこの問題は存在する。在庫がない薬を確保しようとする薬局が、患者からのクレームの対応に苦慮した場面もある。ある薬剤師が、薬局に在庫がない薬をなんとかほかの薬局と交渉し、提供しようと努力したにもかかわらず、患者から「なぜこんなに待たせるのか」といった不満をぶつけられるケースが実はある。このように、企業や医療機関の努力が正当に評価されず、クレーム対応に追われることは当然ある。

このような背景から、企業や店舗が顧客を選べる仕組みを導入することも必要だと考える。ゲルトを活用した仕組みを導入すれば、顧客の行動や履歴に基づいてゲルトを配布することが可能になる。顧客が良質な取引を行い、企業にとってもメリットのある存在であると評価されれば、多くのゲルトを得て優先的に商品やサービスの提供を受けられる仕組みができるのだ。

これは単に企業側の利益を守るだけでなく、顧客間の公平性を担保するための重要な手段ともいえる。顧客に選ばれるだけでなく、企業も顧客を選べる自由を持つことで、選ばれた顧客にとっては、より良い社会が実現すると考えている。

ゲルトを使って望ましい顧客を優遇できる

例えばロレックスが顧客を選ぶことは、ブランドの価値を守り、適切な購入者に商品を届けるために重要だ。しかし、現在のシステムでは顧客の選別が難しいという現状がある。

転売ヤーの存在や、一見してブランド価値に合わない顧客など、ロレックスが本来求める「価値を理解した購入者」に対してのみ販売するという目的が達成されていない。この課題に対して、「ゲルト」を活用することで、よりスマートに顧客選びを行う仕組みができる可能性がある。

ゲルトを活用すれば、購入者がブランドに対してどれだけの関心を持っているかを数値化できる。例えば、ロレックスの商品を購入した人にゲルトを付与し、そのゲルトを貯めることで、次の新商品購入の優先権を得られる仕組みが考えられる。また、ゲルトは単に購入で付与されるだけではなく、ロレックスが協賛している全英オープンゴルフなどのイベントへの参加や、社会貢献活動への関与を通じても獲得できるように工夫する。この仕組みによって、単にお金を持っているだけではなく、ブランドの価値を理解し、その理念に共感する顧客が優先的に商品を購入できるようになる。

さらに、ゲルトを使った仕組みは、これまでの「コネ」や「特別扱い」といった不透明な選別に比べ、はるかに公平性が高いものである。特定の知り合いや上級顧客だけが恩恵を受けるのではなく、ゲルトを積み重ねる努力をしたすべての顧客にチャンスが与えられるのだ。ゲルトを使うと、ロレックスは「価値の分かる顧客」に商品を届けるという目的を達成できるだけでなく、顧客との関係性をより深め、ブランド全体の価値向上にも寄与できる。

ゲルトを獲得するために、ロレックスと提携したイベントやボランティア活動に参加する顧客が増えれば、ロレックス社はその活動を通じて社会的な評価をさらに高めることができる。ボランティア活動や、教育プログラムへの参加に対してゲルトを付与することで、ブランドの理念を支持する顧客がさらに増える。

ゲルトを通じて優良顧客を引きつける仕組みは、単に商品を販売する以上の価値がある。ロレックスのブランドイメージをさらに強化することができる可能性を秘めているのだ。

転売ヤーがいない快適な未来

市場の機能が回復し、社会コストが低減する

ゲルトの活用により企業が顧客を選別できるようになる世界。その結果として、転売ヤーがいなくなると得られる未来を想像してみよう。転売ヤーが駆逐されると、より健全で公平な社会が実現できる。なぜなら転売ヤーの活動がこれまで社会や市場にもたらしていた弊害が取り除かれ、正当な流通が回復するからだ。

転売ヤーは、限定商品や高需要商品を買い占め、高値で転売することで利益を上げる。その結果、本来正規価格で購入できるはずの消費者が、高額なプレミア価格でしか手に入れられなくなってきた。例えば、コロナ禍におけるマスク不足では、医療従事者や高齢者など、本当に必要な人々が購入できず、社会全体の感染防止が困難になった。

転売ヤーがいなくなれば、商品は適正価格で流通し、本当に必要としている人々の手

に渡るようになる。衛生材料や生活必需品の価格が安定し、消費者が公平に必要な商品を購入できるようになる。これにより、消費者心理も改善され、市場全体への信頼が回復する。

転売ヤーがいなくなることで、これまで社会が負担してきた多くのコストが削減される。例えば、イベントや人気商品の販売時に発生する行列の管理や警備のコストが不要になる。また、転売市場の監視や規制強化にかかる行政コストも削減される。さらに、転売ヤーによる買い占めが原因で生じていた生産の混乱が解消され、メーカーや小売店はより効率的な事業運営が可能になる。

『ポイントサービスをゲルトに置き換える』

楽天の「楽天ポイント」プログラム

楽天ポイントプログラムは、楽天グループでのサービス利用を促進し、顧客のロイヤリティを高める優れた施策である。楽天ポイントを通じて顧客は楽天のサービスに触れる機会が増え、楽天経済圏全体の成長にもつながる。このプログラムは、単なるポイント付与にとどまらず、楽天グループの成長を支える重要な基盤となっている。

一方で、ポイント還元によるコストが増加し、楽天の収益を圧迫する要因ともなっている。実はポイント還元率を高く設定すると、顧客のリピート購入が増えるが、利益が圧迫され収益が減少するのはビジネスに興味のない人でも理解できると思う。楽天は収益性を確保しながら、持続可能なポイントプログラムの維持を目指しているが、顧客と楽天グループ双方にとって最適なバランスを保つことは容易ではないことも理解できる。

楽天ポイントから学ぶべきこととは、ポイント制度の導入は慎重であるべきだという点である。収益性を損なうことなく、顧客ロイヤリティを高めるためには、ポイント還元率や上限設定、適用範囲などを長期的な視点で設計する必要がある。特に、還元率や条件を頻繁に変更しないことが顧客の信頼維持には重要である。安易に高い還元率を設定し、集客効果だけを追求するのではなく、企業の収益を圧迫しない持続可能なポイントプログラムが求められるのだ。

ポイントをゲルトに置き換えることで得られること

ポイントの配布は魅力的ではあるが、値引きという負担が残るポイントシステムをゲルトに置き換えるメリットを考えてみよう。従来のポイントシステムは、顧客が一定のポイントを貯めることで値引きや商品券への交換を可能にする仕組みである。ポイントの仕組みには大きな欠点がある。例えば、ポイントが企業や店舗の負債として計上されるため、利用されないポイントが増えることで、会計上のリスクが生じる。しかし、ゲルトの場合は優先順位を決めるだけで金銭価値は持たないため、収益性に直接影響を与えることはない。

一方、ゲルトを導入することでも、ポイントと同じような、顧客のロイヤリティを高める効果は期待できる。そして、ゲルトの入札で販売すれば、ゲルトを多く保有する優良顧客に公平感を持って希少価値のある商品を販売することができる。さらに、ゲルトの可能性はこれだけにとどまらない。希少価値のある商品だけでなく、これに付随するサービス、時間や空間までも公平に販売する手段の特典として活用できるのだ。品薄状態の人気キャラクターグッズや限定商品などは、通常の販売方式では一部の限られた顧客しか手に入れられない。しかし、ゲルトを使った入札形式を採用すれば、公平に販売したうえで、待ち時間がなく、指定した時間に受け取りが可能となり、さまざまなサービスが受けられる。しかも、ゲルトの配布方法は企業が独自に決めることができるため、ゲルトを保有してもらえれば、常連を優遇することも可能だ。企業側にとってゲルトは新しい販売方法の一つになる。

ポイントをゲルトに代えることは、顧客側にとっても、実はメリットが大きい。それはゲルトを利用してさまざまな考えの顧客に対して、柔軟なサービスを提供できるからだ。従来のポイント制度は、基本的に商品からの値引き、経済的な価値だけを提示している。しかし、例えば企業側が、顧客に景品そのものを配布したい場合、Aという顧客はその景品を喜ぶかもしれない。しかし、別のBという顧客にとっては、喜ばれない商品かもしれない。それならば、ゲルトを使って同じ画面に、Aさんが好む安価な特売品とBさんが好む希少価値のある商品を並べ、競い合うこともできる。購入者側に出品するリストの意見を聞く必要もなく、同じサイトでいろいろな特徴のある商品を、一度に販売することができる。顧客が自分自身の考えで欲しい商品やサービスを選ぶことができるのだ。企業側はゲルトにより、さまざまな顧客の意見やニーズに個々に対応するだけでなく、自らの意思で、新たなアイデアを取り入れた有形無形にこだわらない商品の販売ができる。

さらにゲルトは顧客間の世代を超えた需要にも応えられる。例えば、祖父母が孫のためにゲルトを渡して、希少価値のある品薄の商品を購入することも考えられる。ゲルトはお金ではないので懐も痛まないし、高齢者にもゲルトを貯めやすいシステムを作ることも可能である。このように、ポイントをゲルトに代えることで、単なる値引き以上の満足感を提供できる可能性が生まれる。

現在採用しているポイントをゲルトへ代えることにより、企業は重荷になっている負担を減らし利益を増やすことができる。同時に、従来の値引き中心の販促の施策から、より柔軟で幅広い付加価値を提供できる。結果として、新たな収益源を確保できる可能性が広がる。一方で顧客にとっても満足度が高まるとともに、選択肢が増えて自分が欲しいものが手に入るようになるのだ。

『ゲルトで企業をつなげられる』

独自ポイントシステムの構築は難しい

顧客ロイヤリティを高めるポイントシステムであるが、そもそも中小企業には独自のポイントシステムの構築は難しい面もある。

まず、ポイントシステムを作る際にはポイントの設計と価値の決定が必要となる。ポイントは実質的にお金と同等に扱われることから、慎重に設計しなくてはならない。ポイントの価値、例えば「1ポイント＝1円相当」などを定めたうえで、付与の条件や有効期限も詳細に設定する必要がある。消費者にとって透明性と信頼性の確保も重要である。ポイントの付与条件や利用条件を消費者に明確に提示しなければならない。システムに対する消費者の信頼が企業にとって競争力となるわけである。

法的な要件を満たすことも必要だ。ポイントの引当や会計処理も必要となる。付与されたポイントは、企業の将来的な負担となる可能性がある。よって会計上の引当金として計上することが求められる。引当金にすることによって、将来のポイント利用に備えた資金を確保することが課せられる。ポイントシステムの運営にあたっては、金融庁の監査や規制への対応が必要である。特に、店頭で発行するスタンプカード式とは違い広範囲のポイントシステムが電子マネーとして扱われる場合、金融庁の監査対象となる。これは消費者の資産を保護するためであり、預託金が求められるケースもある。金融庁による監査においては、企業の法令遵守や利用者保護に加え、内部管理体制の整備が問われる。そのため、ポイントシステムの設計段階から法的要件を十分に踏まえることが求められる。そのうえ、ポイントシステムの運営には内部管理体制の構築が欠かせない。お金に準じるものを扱うわけであるから、社内にも監視と管理体制を作る必要がある。ポイント残高の管理、未使用ポイントの引当金確保、システム異常時の対応などが正常に行われているか定期的にチェックされなくてはならない。こうした仕組みは、金融庁の監査や第三者によっても厳しく評価される。

もちろん、システムは盤石にしておかなければならない。よってユーザーのアカウント管理とセキュリティ対策も重要となる。ポイントは事実上の電子マネーに近いものであるため、ポイント残高や取引履歴を正確に管理し、不正アクセスや情報漏洩を防ぐための万全の対策が求められる。さらに、ポイントシステムは大勢の利用者に対応できる能力も求められる。つまり多くの取引が発生しても安定して稼働するシステムが必要であり、特に楽天ポイントのような大規模なシステムでは、この点が不可欠となる。

以上のように、ポイントシステムの導入は、単なる技術的な仕組みだけではなく、金融庁やそのほかの規制機関との連携および法令遵守が不可欠であり、監査対応も含めた総合的な準備が求められるのだ。

現実的に中小企業が単独でこれらの要件を満たすことは不可能であろう。独自に行おうとすると、10個購入で1000円引き、というようなスタンプカードが精いっぱいである。

ということは、本格的なポイントシステムを導入しようとすると、楽天ポイントなどの加盟店とならざるを得ない。この場合システムへの投資は必要ないが、顧客リストや購買行動のデータなどマーケティングに必要なデータは、すべて楽天などの大企業に握られてしまうわけである。また投資は最小限で済むとはいえ、加盟店側から見ても、経済的な負担は決して小さくない。

さらに小規模な企業の場合は、金銭的な価値を持つポイントの場合、連携を取るのが難しい面もある。10個購入で1000円引きといったスタンプカードなど、中小企業が独自のポイント制度を持つことは可能であるが、それを複数の企業をまたいで共通化する仕組みを作ることは簡単ではない。ポイントが金銭的な価値を持つので、その価値の調整が難しいからだ。

ゲルトなら中小企業でも導入できる

一方で、ゲルトなら中小企業でもシステム構築が可能である。ゲルトは金銭的な価値を持たず、優先順位を決定するための仕組みであるため、従来のポイントシステムに比べて導入や運用の負担が大幅に軽減される。

ゲルトは金銭的な価値を持たないため、金融庁の規制や引当金の計上といった要件を回避できる。また、ゲルトは優先順位の付与に特化しており、複雑なセキュリティ対策やポイント残高管理が軽減できる。

よって、中小企業が単独で投資できる程度の資金で独自システムが導入できる。実際に、我々リバイバルドラッグの規模の会社であっても、ゲルトを独自に運用できている。

さらに、ゲルトは金銭的な価値を持たないので、企業間の調整が容易である。地域の中小企業が共同でゲルトを発行して、顧客基盤を育てることもできるのだ。一つの企業で貯めたゲルトを、提携企業のイベントやほかの商品購入に利用できるようにすることで、地域全体の経済を活性化しつつ、参加企業間のつながりを深められる。

小規模商店が単独でゲルトを発行する場合、規模の制約から利用範囲が限定される可能性はある。しかし、商店街全体や地域全体がまとまってゲルトを共有することで、その価値は飛躍的に向上する。例えば、地方の商店がゲルトを発行し、地域内での利用を促進する仕組みを作ることで、地元経済の活性化につなげることができる。地方都市の範囲内であっても、市民マラソンなどのイベントと連携し、地元の飲食店や商店で買い物をするとゲルトが貯まるようなシステムを構築できる。こうして得たゲルトをイベントへの優先参加権と引き換えることで、地域住民の参加意欲を高めると同時に、地域経済への貢献も期待できる。

個人商店が自治体や商工会議所と連携し、複数の商店やサービスを巻き込む形でゲルトを共有すれば、さらに利便性が高まる。例えば、焼き肉店で得たゲルトを地元のほかの店舗やサービスで使えるようにすることで、商店同士の相互送客を可能にし、地域全体での経済循環を促進できる。このような仕組みは、インターネットやＥＣサイトと連携することで地域を超える形に発展させることも可能だ。

さらに、楽天市場のような複数店舗が集まるオンラインプラットフォームを活用すれば、ゲルトの利用範囲はさらに広がり、地元の商店とインターネット利用者との間で新たな顧客層の開拓が可能になる。つまり、ゲルトは複数の企業間で協力するプラットフォームとしても使えるのだ。

このように、ゲルトだと中小企業が単独で運用することもできる。さらに、複数の企業が連携することもできる。このように、小規模商店でもゲルトを導入することで、顧客との関係を強化し、地域やネットワーク全体の活性化につなげることができるのだ。個別の商店が持つ独自性を活かしつつ、連携やプラットフォーム化を進めることで、さらに大きな可能性を引き出す仕組みがゲルトなのである。

金銭的価値を持たないことは、利益を圧迫しないというだけではない。他企業と組みやすいというメリットもあるのだ。

つながるゲルト

中小企業のネットワークに限らず、ゲルトが共通化されると、その活用範囲は大きく広がる。個別のゲルトがそれぞれ独立して存在する場合でも、それらを共通のプラットフォーム上でやり取りできる仕組みが整えば、地域や用途を超えてゲルトの可能性を引き出せるようになる。

例えば、ふるさと納税を利用してゲルトを自治体から配布することで、納税して得たゲルトを別の地域の特産物の購入や観光スポットの優先入場に利用することができるようにする。これにより、自治体や企業、個人が参加しやすくなり、ゲルトの価値がさらに高まる。

観光地の混雑解消のために、観光地への入場権をゲルトで決める仕組みがあれば、観光客の満足度が向上する。富士山の登山などに利用できれば海外からも簡単にアクセスが可能なので用途は広がる。地方自治体がゲルトを使って特産品や観光資源をプロモーションすることも可能になる。鹿児島で得たゲルトを、京都や北海道の観光やショッピングに利用できる仕組みが実現すれば、地域間での相互連携も促進される。

こうした共通プラットフォームのアイデアは、既存のポイントシステムから着想したものだ。現在のポイント制度では、特定の経済圏や企業グループ内でしか利用できないケースが多い。楽天ポイントやPontaポイントを思い浮かべると分かりやすい。一部、ポイント交換が可能な仕組みもあるが、金銭的な価値を持っているため、これらを拡張するには制限がある。一方、ゲルトは金銭価値がない。だから、気軽に共通化することができる。航空会社のマイルのような形で、国内外問わず柔軟に使える仕組みを構築することも可能だ。

例えば、国内の主要航空会社で貯めたマイルを共通ゲルトとして統一すれば、国内線だけでなく国際線やホテル予約などにも使えるようになる。また、ゲルトは独自性を持ちながらもほかのゲルトとの交換が可能な仕組みも考えられる。音楽会社が発行するＡゲルトが特定のコンサートや映画チケットに強みを持つ一方で、飲食のチェーン店が発行するＢゲルトが飲食店に特化しているとする。これらを共通ゲルトに変換できるシステムを整えることで、利用者のゲルト利用の選択肢を広げることができる。

共通化されたゲルトは、地域活性化や観光促進、さらには日常的な買い物やサービスの満足度の向上にもつながる可能性がある。それは単なる経済活動を超え、人々の生活や地域社会全体を活性化させる新しいツールとなるかもしれない。

『ゲルトを「購入」できるとどうなる？』

プレミアム会員はゲルトを購入できる

私たちリバイバルドラッグのシステムで特有なのはプレミアム会員の制度である。この会員制度は、月額2000円の会費を支払うことで、通常会員よりも優れた特典を受けられる仕組みである。具体的には、プレミアム会員は朝9時から夜8時までの入札が可能である。一方、通常会員は朝10時から夕方5時までの入札しか許可されていないため、プレミアム会員は通常会員がアクセスする前や後に入札を完了することができ、利便性が高いことと、時間が長いことで競争を有利に進めることが可能である。

現在、プレミアム会員は150社ほどに達している。これは、定期的な収入、それまで実現できなかった安定した会費、収益基盤となっている。そして、プレミアム会員制度は、会員にとって優れた価値を提供しており、多くの顧客に満足していただいている。

ただ、このプレミアム会員の制度の本当のメリットは別にある。プレミアム会員は2500ゲルトを1000円で購入することができるのだ。1ゲルト0・4円換算である。これは「ゲルトを増やしてくれ」という顧客側の要望に応じて作ったシステムである。

当初、私はゲルトをお金で売ることは想定していなかった。無料で配ったゲルトや薬の売却によって得たゲルト、ログインで得たゲルトを使って、例えば5ゲルトとか10ゲルトとかそんな単位で入札することを想定していた。しかし運用していくうちに、これがどんどんインフレ化したのだ。例えば1000ゲルトとか1万ゲルトを一つの薬に使う企業もいる。こうなってしまうと、ゲルトが足りなくなってしまうので、販売してほしいという要望が出たのだ。そしてプレミアム会員が創設された。

この効果をいちばん感じたのはメジコンという薬であった。メジコン（デキストロメトルファン）はせき止め薬として広く使用されているが、近年、供給不足が深刻化している。その主因は、ジェネリック医薬品メーカーの不祥事による生産停止、新型コロナウイルス感染症などの影響で需要が急増したこと、先発メーカーである塩野義製薬の生産能力に限界があることも一つの理由である。しかし、実は最大の要因は円安による原料費の高騰とそれに見合わない低薬価のためにジェネリックメーカーの多くが撤退した事実がある。この薬品不足が医療現場に影響を与えており、厚生労働省が適切な在庫管理を呼びかける状況になっている。

このメジコンがリバイバルドラッグの入札（ＢＩＤ）に出品された際、とても多くのゲルトが入札で提示され取引された。その薬価差益の総額（儲け）は１０００円程度なのに、10万近いゲルトを入れる人が出てきた。０・４円換算すると、約４万円分にあたる。このように品薄商品の入札に多くのゲルトを使用する人が出てくると、やはりゲルトを販売するシステムも必要となるわけである。

ちなみに、リバイバルドラッグではゲルトの販売システムがうまくいっている。しかし一般的にゲルトのシステムを採用する際に、ゲルトの販売システムを入れたほうがよいかどうかはよく考えるべきである。ゲルトのメリットとして、お金持ちだけが常に優遇されるわけではない、ということが理由である。例えば、テーマパークでは「お金持ちが優遇される」というイメージを払拭したくてゲルトを導入することも考えられる。しかし、ゲルトがお金で買えるのであれば「結局はカネではないか」と言われることになる。確かに収益は良くなるのだが、それ以上の悪影響が出ることが心配だ。

ちなみに、一度購入や付与されたゲルトは換金することはできない。換金できると、法律上扱いがややこしくなるからだ。

例えば、ゲルトが換金可能になると、日本の「資金決済に関する法律」（資金決済法）が適用される可能性がある。この法律は、電子マネーや前払式支払手段の利用を規定し、消費者保護や取引の透明性を確保するために制定されたものだ。換金可能なポイントは、「前払式支払手段」として扱われる可能性が高く、これに該当する場合、事業者にはさまざまな義務が発生する。まず、事業者は金融庁に対して登録、または届け出を行わなければならない。発行するゲルトの運用状況や顧客の保有状況を報告する義務が生じる。また、発行されたポイントの一定割合を「発行保証金」として供託する必要がある。この保証金の供託は、顧客が保有するポイントの価値を保証するための措置だが、事業者にとっては多額の資金を一時的に拘束されることになり、資金繰りに影響を与える。さらに、資金決済法の対象となる場合、法令に基づく厳格な監視や運用ルールの遵守が求められるのだ。

これらの理由から、ゲルトを換金可能にした場合、運用上の負荷が増加する可能性が高いので、ゲルトは換金できない。

ゲルトの新たなる可能性

２０２４年から、ゲルトを使った新たな取り組みを薬以外で始めている。それはゲルトを活用したスポーツイベントチケットの提供である。

私は横浜スタジアムの年間シートを数席所有している。このチケットを利用して、試験的ではあるが、人気がある試合のチケットをリバイバルドラッグの顧客に無料招待券として提供している。もちろん、そのチケットの割り振り方法はゲルトでの入札である。プロ野球、対横浜戦のセ・リーグチームが対象となっている。昨今、野球人気が高くなり、一般販売では入手困難で、抽選や長時間並ぶことが必要な場合が多いが、ゲルトを活用することで、当社の顧客に限定しての話ではあるが、公平に入手してもらう機会となっている。

さらに、サッカーの試合では、横浜ＦＣのスポンサーを長くしているおかげで、注目カードのチケットが事前に購入でき、ゲルトを通じてチケットを提供している。Ｊ１リーグの人気チームとの試合、例えば鹿島アントラーズや浦和レッズなどの試合のチケットの無料提供もゲルトでの入札を予定している。

これもリバイバルドラッグのユーザーへのサービスとして考えている。つまり、おまけのようなものであるが、入手困難なチケットの取得にゲルトを利用する試みとして意味がある行為と考えている。通常のチケット販売では、購入者が不公平感を抱きやすい転売サイトや法的な価格設定の制限が問題視されるが、ゲルトを用いることで、購入者自身が希望する価値を反映して入手を目指せる仕組みを提供している。ゲルトの特徴は、時間や抽選の運不運ではなく、ゲルトを貯める努力で入手の確率が高められる点にあり、多くのユーザーに新たな価値が提供できると考えている。

例えば、プロ野球の日本シリーズなどでは、試合の日程や対戦カードが確定してから、急いでチケットを売り始めることがある。こんなときにもゲルトを活用すれば、臨機応変な販売が可能となるのだ。このシステムはユーザーに公平な機会を提供するだけでなく、チケットを公平に、混乱なく販売する透明化した手段としてスポーツイベント主催側のメリットも多いと考えている。

このようにゲルトシステムは単なる薬品販売の枠を超え、イベントチケットという新しい分野にも応用している。これにより、希少価値の高い商品を公平に提供するというゲルトの持つ価値を世に出す試みを展開しているのである。

スポーツを盛り上げる

日本のサッカーリーグの仕組みと問題点

ゲルトをJリーグで活用することは、実は、日本のサッカー文化をさらに活性化し、サッカーに興味のなかった人にまで、サッカーの醍醐味やチーム愛を浸透させる良い機会になると私は考えている。

日本のサッカーリーグは、Jリーグを中心に構成されていて、国内のサッカー文化を支えている。Jリーグは1993年に設立され、現在はJ1、J2、J3という3つのランクに分かれている。それぞれのリーグには特徴があり、全国各地にサッカーの魅力を広めている。

J1リーグは国内最高峰のプロサッカーリーグで、最も注目される舞台だ。20クラブが所属し、国内外からトップレベルの選手や監督が集まっている。このリーグでは、優

図５　日本の男子･女子サッカーリーグの仕組み

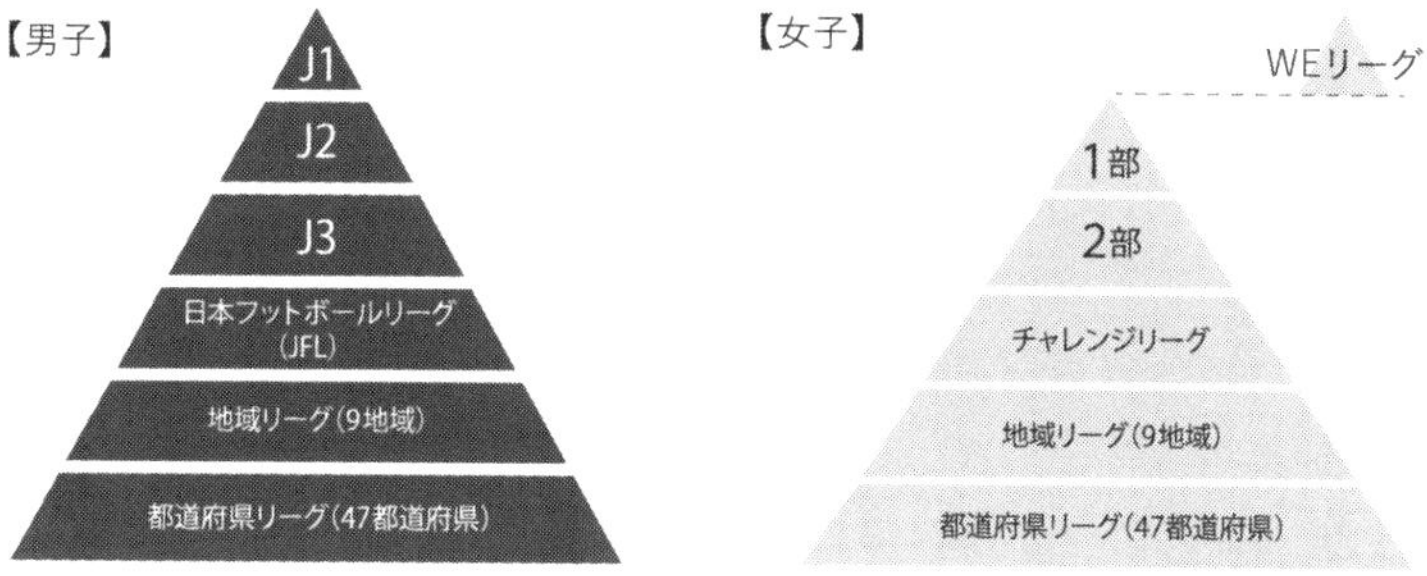

公益財団法人日本サッカー協会「国内競技会」を基に作成

勝争いや国際大会への出場権を巡る激しい戦いが繰り広げられ、その試合は数万人の観客でにぎわう。

一つ下位のリーグにあたるＪ２リーグにも20クラブが所属し、Ｊ１昇格を目指して競争している。Ｊ１と同じく地域密着型のクラブが多く、地元住民からの支持も強いが、Ｊ１と比べると観客数や収益が少ないのが現状だ。さらにその下位に位置するＪ３リーグにも20クラブが所属していて、若手選手の育成や地域のサッカー文化の維持に力を入れている。このリーグでは観客数がさらに少なく、経営規模も小さいが、地域社会にとっては重要な存在だ。

男子のプロリーグだけでなく、日本には女子プロサッカーリーグであるＷＥリーグもある。このリーグは２０２１年に発足し、女子サッカーの普及や選手の地位向上を目的としている。また、アマチュアチームを中心とするなでしこリーグもあり、ＷＥリーグの下位カテゴリーとして女子サッカーを支えている。

しかしこれらのリーグ間や男女間で観客動員数に大きな格差が存在する。男子トップリーグであるＪ１リーグは、２０２３シーズンにおいて平均入場者数が１万８９９３人と高い水準を維持している。しかし、下位リーグや女子サッカーでは状況が異なる。Ｊ２リーグの平均入場者数は６９０４人、Ｊ３リーグでは３００３人と、Ｊ１に比べて大幅に少ない。さらに、女子プロサッカーリーグであるＷＥリーグの２０２３-２０２４シーズンにおける１試合平均入場者数は１７２３人であり、男子リーグと比較して観客動員数がさらに少ない。

このような観客動員数の格差が、各リーグのチーム収益や選手の待遇にも影響を及ぼしている。Ｊ１リーグのクラブはスポンサー収入やチケット収入が下部リーグに比べれば潤沢に見えるが、海外のクラブチームに比べると、実は選手の年俸は決して高くない。一方、Ｊ２やＪ３のクラブでは収益も限られ、選手の年俸はさらに低く抑えられる。女子サッカーにおいても、観客動員数の少なさが収益の低迷につながり、選手の待遇改善が課題となっている。サッカー文化のさらなる発展には、リーグ間や男女間の格差を縮小し、多様な観客層を取り込む施策が不可欠なのだ。

ゲルトを使ってサッカー全体を盛り上げる

こうした状況に対し、ゲルトを活用して「観戦の価値」を広める仕組みを設けたほうがよいと思う。人気の高いＪ１の試合ではゲルトを使って入札でチケットを販売する一方、なでしこリーグやＪＦＬなど、観客動員数の少ない試合ではチケット購入者はもちろん、無料の観戦者にゲルトを付与する。これにより、普段注目されにくい試合へ、観客を誘導できるチャンスが膨らむ。

ゲルトは観戦だけでなく、サッカー全体への関与を深める手段としても活用できる。例えば、ゲルトは試合観戦だけでなく、さまざまな活動を通じて獲得可能にする仕組みが考えられる。以下に具体例を挙げる。

まず、サッカーイベントへの参加を通じたゲルトの獲得が挙げられる。地域リーグの試合や選手のイベントなどに足を運んだ人に、ゲルトを付与する仕組みが考えられる。さらに、地域で行われるサッカー教室のボランティア活動に参加した人、スポンサーにもゲルトを付与し配布してもらい、地域とサッカーのつながりを強化する。

また、グッズ購入によるゲルト獲得も有効だ。JリーグやWEリーグのクラブ、さらには地域リーグのチームの公式グッズを購入した際に、購入金額に応じてゲルトが付与される仕組みを導入すれば、ファンの購買意欲を刺激し、クラブ全体の収益向上にも寄与する。

SNSでの活動もゲルトの対象に含められる。試合観戦の感想をSNSに投稿したり、クラブやリーグのハッシュタグを使用して応援メッセージを発信したりすることで、ゲルトを得られる仕組みを導入すれば、サッカーに関する情報が広がりやすくなり、新たなファン層を獲得するきっかけにもなる。

ゲルトはサッカーの長期的な発展を支援する活動にもつなげられる。例えば、スタジアム周辺の清掃活動やリサイクルプログラムへの参加、地域サッカーチームの支援活動を行うことでゲルトを獲得できる仕組みを整備すれば、サッカーが社会貢献活動の一環として機能していることが証明できる。

このように、さまざまな方法でゲルトを獲得できるようにすることで、観客は単に試合を観るだけでなく、サッカー文化全体に関わるようになる。その結果、女子サッカーや地域サッカーにも注目が集まり、サッカー全体が活性化し、日本のサッカー文化がより豊かなものとなる。

ゲルトを活用した仕組みは、単なる観戦促進にとどまらず、サッカー協会全体の運営改善にもつながる可能性があると考えている。例えば、Ｊリーグがゲルトを公式に導入し、観客動員数が少ない試合への参加を奨励することで、競技全体の収益基盤を強化できる。ゲルトを使った公平で透明性のある取り組みは、サッカー文化の一体化と多様化を促進する。

このように、ゲルトを活用することで、男子サッカーの人気を基盤に女子サッカーや地域の試合を盛り上げ、日本全体のサッカー文化をより豊かで魅力的なものにすることができるのだ。もちろん、絶大な人気を誇る日本代表戦のチケットの販売の優先順位にも大きく寄与すると思う。

『パリオリンピックで考えたこと』

オリンピックのチケットシステムの問題点

私は2024年にフランスで開催されたパリオリンピックを観戦した。オリンピックのチケットを取るのは難しく、現地での観戦体験を通じて、ゲルトの新たな可能性を考える機会となった。ゲルトは企業の枠を超えて、世界レベルのイベントで活躍する可能性があると確信した。

私はこの観戦で、サッカーの特別パッケージに参加した。これはVIP席を利用できるもので、試合会場の前列席にて豪華な飲食を楽しみながら観戦ができるものであった。貴賓室では、シェフが腕を振るう料理や飲み放題のワインが提供されるなど、VIP待遇が充実していた。試合を特等席で観戦しながら食事を楽しむという体験は、確かに特別なものであった。ただし、私はこのチケットを日本の旅行会社を通じて手配した。そのパッケージは一括表示されており、どの部分にどれだけの費用がかかっているのかが分からなかった。体験は素晴らしくとも、この不透明さには違和感があった。

さらに、転売対策のため、チケットが確定したのがイベントのわずか2日前だった。それまで席など、チケットの情報を参照できないため、「本当にチケットが取れているのか」と本当にヒヤヒヤした。

パリ２０２４オリンピックのチケット販売は、アメリカの「On Location」という企業が担当している。この会社はオリンピック・パラリンピック競技大会の公式ホスピタリティプロバイダーであり、世界中の市場に精通し、観戦チケットのマーケティングに関する深い知識と経験をもつ会社である。さらに全世界に広がる代理店のネットワークを活用して、チケット販売やそれにまつわるサービスを世界規模で展開している。

ただし、パリオリンピックにおけるチケットのオンライン購入は、多くの人にとって障害となっていたようだ。特に、公式サイトへのアクセスや購入手順が複雑で、フランス語、英語以外の言語への対応が不十分なため、非英仏語圏のユーザーには利用が難しいとされている。特に日本語やアラビア語といった非欧州圏の言語を使うユーザーが、自分の言語でサポートを受けることができなかった。この結果、チケット購入者の間で「正しいフォームに入力できない」「購入途中でエラーが発生してもどう対処すべきか分からない」といった声が多く聞かれた。

加えて、オンラインプラットフォームの操作性に関する問題も指摘されていた。例えば、チケットをカートに入れても一定時間内に決済が完了しなければカートが空になり、再度購入手続きを最初からやり直す必要があった。このシステムは、アクセス集中時に特に問題を引き起こした。サイトのレスポンスが遅く、決済まで時間がかかって、カートが空になってしまうのだ。これにより、購入者は何度も手続きを繰り返さなければならず、大きなストレスを感じた。これらの要因が重なり、多くの人々がチケット購入に苦労する結果となってしまった。

こうした状況において、ゲルトを用いた事前予約のシステムの可能性があると感じたのだ。

ゲルトの有効性

オリンピックのチケットにゲルトを利用すると、これらの不具合の発生を抑えて、公平性と透明性を高められる可能性がある。現行の利権構造や不透明な価格設定の課題を解決し、より多くの人がイベントを楽しめるようになるかもしれない。

オリンピックのチケット販売にゲルトを導入することで、まず競技ごとのチケット取得における公平性を高めることが期待できる。例えば、人気競技やＶＩＰ待遇の席が取りたい場合、ゲルトを多く投入した人が優先的に権利を得られるシステムにできる。この方法は、現金で争うのとは異なり、お金だけに左右されない公平性を実現できる可能性がある。

例えば、ＶＩＰ待遇の貴賓席での観戦チケットを販売する場合、ゲルトを多く積むことでその席を確保できる仕組みを導入すれば、価格を一定に保ったままで、チケットを割り当てる仕組みが作れ、納得感も得られる。

オリンピックのような国際的なスポーツイベントでは、公平性や透明性が特に重要視されるが、現行のチケット販売システムには多くの課題がある。私がカタールで行われたサッカーのワールドカップを観戦した際の経験では、チケット購入にまつわる情報が錯綜し、当日券は現地のどこの場所で購入すればよいのか？　どの窓口なのかが分からないことが多数あった。長い列に並んだ挙げ句、そこでチケットは販売していないことに気づくなど、無駄な時間も過ごした。

こうした混乱や不便を解消するために、オリンピックのチケット販売にゲルトを活用する可能性を考えてみる。ゲルトは希少価値の高いチケットを公平に分配するための新たなツールとなり得る。例えば、オリンピックの競技ごとに事前にゲルトを活用した入札を行うことが考えられる。この場合、ゲルトはオリンピック組織委員会が提供する公式プラットフォームでのみ使用可能とし、誰もが参加できるシステムとする。

また、余剰チケットの管理にもゲルトが活用できる。例えば、大会期間中にキャンセルされたチケットや未使用のチケットを、ゲルトを使ったサイトに再出品する仕組みを設ければ、チケットが無駄になることを防げる。この結果、チケットの二次流通市場での不正な価格つり上げや転売を抑制し、購入者が適正価格でチケットを入手できるようになる。

さらに、ゲルトシステムの導入は、オリンピック組織委員会や関連する競技団体にとっても新たな収益源となる。例えば、オリンピック組織委員会がスポンサーに対してゲルトを販売すれば、イベント運営の財源とすることができるであろう。使用されたゲルトに応じた収益を各競技団体に分配することで、競技団体側にも直接的な利益がもたらせる可能性もある。

このように、ゲルトの導入はオリンピックのチケット販売の公平性と透明性を高める可能性を秘めている。関連組織の収益性も高め、新たなチケット販売の形としてスポーツイベントの未来を変える可能性を持つアイデアであるといえる。

オリンピックが商業主義を抜け出すために

オリンピックはかつて、スポーツの祭典として世界中の人々に感動を届ける場であった。しかし、近年ではその本来の理念が薄れ、巨大な金銭イベントとして批判を受けることが増えている。特に、商業主義がオリンピックを支配しているとの指摘はあとを絶たない。

スポンサーシップ契約や広告収入をめぐる巨額の資金が、オリンピックの中心になり、スポーツそのものよりも、商業的利益を優先させているとの批判がある。特定のグローバルな大企業がオリンピックのブランドを利用して市場シェアを拡大する一方で、地元の中小企業やスポンサーでない事業者が活動を制限される不公平が生じている。オリンピック活動が地域経済に与える恩恵は限定的であり、むしろ国民に悪影響を与えているとの声さえもある。

それは、開催都市が負担する膨大な費用のことである。新たな競技場建設やインフラ整備に伴う予算が超過し、その負担が地元住民にのしかかる例があとを絶たない。例えば、アテネオリンピックやリオデジャネイロオリンピックでは、開催後に施設が利用されず「負の遺産」と化したケースも多い。こうした状況を見て、オリンピックが一部のエリート層や国際的な利益団体のためのイベントになりつつあるとの批判がされている。

このように、オリンピックは本来のスポーツ精神とはいえない、商業的・金銭的な側面が前面に押し出されるイベントとして非難されている。スポーツの公平性と世界の平和を象徴する場として、オリンピックがその価値を取り戻すためには、現行の運営方針を見直し、金銭的な利益を偏重する姿勢を改める必要があると多くの人々が考えているのだ。

このようにオリンピックが批判を受ける中で、ゲルトを使うと金銭主義を脱却し、地元の人間がオリンピックに関わる仕組みを作れる可能性がある。ゲルトをチケット購入だけでなく、イベント運営への協力やボランティア活動、あるいは地域社会での貢献を通じて取得できるようにすることで、経済力に関係なく多くの人がオリンピックに関わるチャンスを得られるのだ。

地域の清掃活動に参加した人や、ボランティアで会場案内を手伝った人が事前にゲルトを取得し、そのゲルトでオリンピックの観戦チケットや関連グッズを入手できる仕組みを設けることができる。これにより、経済的な制約からイベント参加を諦めざるを得ない人々にも、オリンピックを観戦する道が開かれる。また、ゲルトを通じて地域活動を活性化させ、社会全体がオリンピックという一大イベントを盛り上げる原動力となるかもしれない。

さらに、ゲルトにはエンタメ性やゲーム性があり、単なる金銭的な取引以上の体験を提供できる。ゲルトをどのように使うか、どれだけ貯めるかといった戦略を考える過程自体が参加者にとっての魅力となる。ゲルトを通じて普段は接点のない多様な人々や団体がつながり、オリンピックの新たな交流の場を生み出すことも期待される。

このように、ゲルトを活用すると、経済的制約を超えた参加の機会を創出できる。そして、オリンピックを「金銭で特別な体験を買う」イベントから「社会全体が協力して作り上げる祭典」へと進化させる可能性がある。これは、オリンピックの理念である「スポーツを通じた平和と相互理解」を具体的に体現する手段ともいえる。オリンピックが地域に開かれたイベントとして、新たな可能性を切り拓ける。

『ゲルトは国境を超えられる』

ゲルトが国際化する

ゲルトは地域を超えて、国境をも超える可能性があると考えている。現在、リバイバルドラッグは薬を中心としてゲルト方式を展開しているが、将来的には例えば「コカ・コーラゲルト」「ユニクロゲルト」「アップルゲルト」といった企業が個別のゲルトを発行し、これらを共通のゲルトとして交換できるシステムが構築されることを私は期待している。この仕組みにより、異なる発行元のゲルトを統一的に扱うことができる。その際、国内だけでなく国際的な取引や利用も視野に入れている。

現在のポイントシステムは、各企業が独自に運営しているため、ルールが複雑化し、ポイントの失効や利用制限が頻繁に発生している。現金に準じる価値があるため、管理も厳格にならざるを得ない。為替の影響などもあって、国際化することは簡単ではない。

一方、ゲルトはそれ自体がユーザーに帰属する資産として扱われるため、失効の心配がない点が大きな特徴である。使用した際に回収されることで初めて消失するため、利用者にとってシンプルで分かりやすい仕組みとなる。

この仕組みを国際的な規模に拡大することで、海外でも同様の利便性が提供される可能性がある。例えば、オリンピックのようなイベントのときに、さまざまなスポンサー企業のゲルトがチケットの購入に使えるような仕組みも構築可能であろう。

さらに大きい単位でのゲルトを作る構想もある。世界で使える共通ゲルトを作って、独自ゲルトから共通ゲルトに交換できるようにするのだ。複数の企業がそれぞれ独自のゲルトを発行した場合でも、中央的なエクスチェンジ機能を用いれば、共通ゲルトと交換することができる。為替の問題もないので、各企業間でレートを決めれば、自由に交換することが可能になるのだ。そして、それは国を超えても同じである。

このようにゲルトはそのシンプルさ、貨幣から独立している特徴から、国際化させることも容易なのだ。

日本発のゲルトの文化を作る

日本人の文化には、「もったいない」という概念や、細やかな気遣いを大切にする繊細さが根付いていると思う。この価値観は、ゲルトの仕組みに深く通じるものがある。廃棄にならないように無駄を作らず、必要とする人に再配分する仕組みを求めているのである。

例えば、政府が保有する米や余剰物資、公共施設の利用権などを対象にゲルトを活用すれば、単なる消費を超えた、意義ある流通が実現する。「もったいない」精神を経済活動に結び付けることは、日本の文化を活かした社会の形であると考えている。リサイクルという仕組みも、日本の強みである。

また、ゲルトは地域コミュニティや自治体にも応用できる。地域通貨としてゲルトを活用することで、地方の経済を活性化し、地域特産品やサービスの価値を再発見できる。足腰の弱い高齢者が犬の散歩をゲルトの付与で依頼する、逆に、子どもたちの学習支援や農業の手伝いをしてゲルトを獲得する、地域の課題を解決するための新しい仕組みを作ることも可能だ。これにより、ゲルトは単なる通貨やポイントを超えた「社会を動かす力」として機能し、細やかな日本人の価値観にぴったりと合致する。

さらに、日本人の持つ「公平さ」に対する強いこだわりも、ゲルトの導入に適している理由の一つだ。日本社会では、何事にも公正さや透明性を求める声が強い。ゲルトの仕組みは、単なる先着順や抽選に頼るのではなく、明確なルールに基づいて優先順位が決定する。このゲルトは、公平性を特に重視する日本人にとっては魅力的だ。転売ヤーによる不正や不平等な機会の発生を防ぎ、すべての人が同じ条件で競争できる環境を提供するゲルトは、日本人の価値観に特に合致している。

このような背景から日本でゲルトが生まれたことは必然だと考えている。ここで日本発のシステムとしてゲルトを育てることは、世界に誇る新しい経済モデルを作る可能性がある。現在、マイナポイントのような「お金のばらまき」の取り組みが行われているが、そのような取り組みを見直し、ゲルトという新しい概念に置き換えることで、公平な社会を実現しながら、国際的な競争力を高めることができるのではないだろうか。

そして、現在は海外でも公平性に対する注目が集まっている。そのなかで日本から生まれたゲルトが、公平性や透明性を確保する方法として、世界に飛び立つのだ。

従来のアメリカ発のシステムに追随するのではなく、日本の価値観と工夫を基盤にしたシステムが、地域や国境を超えて新たなスタンダードとなる可能性を秘めている。

最後に、ゲルトの活用は、個人や地域社会を豊かにするだけでなく、持続可能で公平な社会の実現に貢献する新しい文化を築くきっかけになる。この「日本発のゲルト文化」

が普及すれば、日本は世界をつなぐ橋渡し役となる。そしてゲルトが、公平で持続可能な世界を実現する力となっていくのだ。

今までに存在しなかった新しい決め方

オリンピックのチケットが欲しい——。

たくさんの希望者の中から一定の数、例えば100万人の応募者の中から5万人収容のサッカースタジアムのチケットを販売する場合の解決方法について、ゲルトの入札を行い、ゲルトを高く積んだ人を1番目の当選者とすると、上から5万番目までの人が当選者であり、5万1番目は次点となる。キャンセルが出た場合、再販売の入札ではなく、次点者5万1番目から追加販売をすればより公平になる。

さて、5万番目の人と5万1番目の人のゲルトが同数の場合の対処方法であるが、実はこれも私が特許を取得している。

「順位決定装置及びプログラム」という名だが、実は、この方法はゲルトなしで、自分の意思が入った「抽選」として利用できる。例えば、点数が同点の場合、または同様の位置付けの場合に納得感が得られやすい順位付けを行うことができる順位決定装置及びプログラムを提供したいとする。

①Ｎ人の参加者から文字と希望する不変となる数字とを受け付ける受付手段
②Ｎ人の参加者から受け付けたＮ個の文字を無作為な数値に変換する変換手段
③変換した数値の昇順でＮ人の参加者を配列したループ構造の同点順位決定用リストを作成するリスト作成手段
④同点順位決定用リストに基づいて同点者の順位付けを行う決定手段

この４つを備え、決定手段は、Ｎ個の文字から変換されたＮ個の数値の総和と、Ｎ個の数字の総和との合計値をＮで除算し、除算の余りにより同点順位決定用リストの起点を決定。除算の商により同点順位決定用リストの回り方向を決定し、決定した起点および回り方向による順番で順位付けを行う。

この段階の「順位決定装置及びプログラム」は、読んでも理解できる方は少ないだろう。しかし、実際に使ってみると、ゲルトと同じで簡単に理解できるはずだ。

図6　順位決定装置及びプログラムの例

〈応用編〉

購入対象：8/21(土)サッカー観戦チケット／販売価格 5,000 円／**計 3 枚**

●購入対象が「3 枚」のため、上位 3 入札の会員 A（5,000 ゲルト）、会員 D（4,500 ゲルト）、会員 B（3,000 ゲルト）が落札者となる

●次点の会員 C が会員 B を超えるには 3,001 ゲルト以上が必要であった

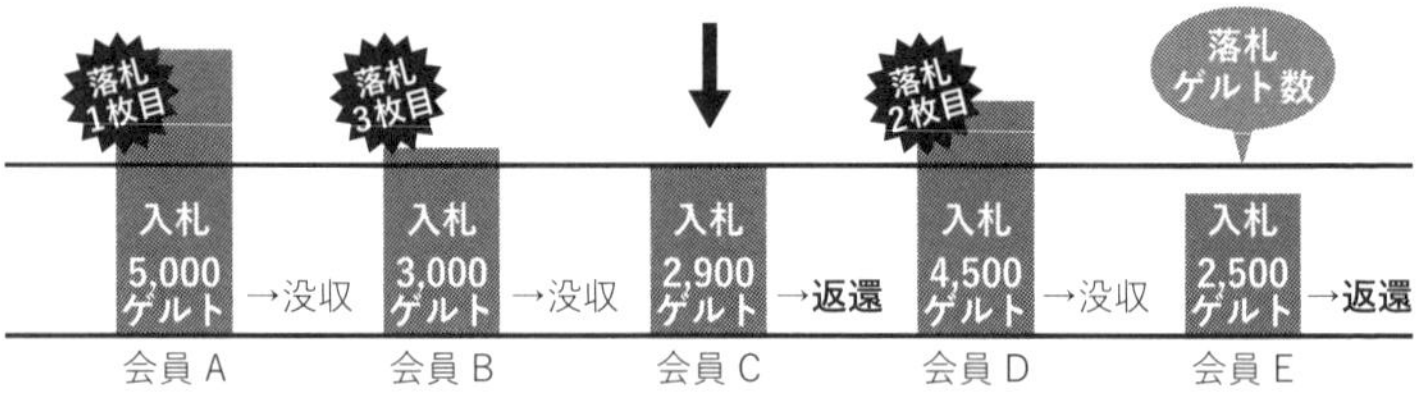

本特許「ゲルト数で競う入札方式」を用いれば、購入対象が<u>100 件や 1,000 件に増えた場合でも簡単に入札～落札者を決定することができる</u>

複数の人が当選する場合の方法をもう少し説明すると、図６のようになる。

販売価格５０００円のチケットが３枚ある。このチケットが欲しい人が５人いるとする。会員Aは５０００ゲルト、会員Bは３０００ゲルト、会員Cは２９００ゲルト、会員Dは４５００ゲルト、会員Eは２５００ゲルトを入札した。

この場合、落札できたのは、上位３人である。

上位から会員Aの５０００ゲルト、会員Dの４５００ゲルト、会員Bの３０００ゲルトになる。入札に使用されたゲルトは没収となるが、チケットは購入できた。２９００ゲルトの会員Cと２５００ゲ

ルトの会員Eはチケットの購入はできなかったが、ゲルトは返還される。これが、複数の当選者がいる入札方式である。

ちなみに、ラッキーに最小限のゲルトでチケットを入手できたのは、ボーダーラインである会員Cの２９００を超える３０００ゲルトの会員Bだ。ゲルトの楽しみは、このように落札できる最低数のゲルト数を推測、考えることでもある。

反対に、望まない使い方としては、世界的な食糧難があったときに、配給制が採用された場合、今現在、欲しい食べ物は、米なのか、肉なのか、それとも水なのか、そんな究極の選択が求められる時代に、国が国民にゲルトで提供している姿は想像したくはないと個人的に思うところである。

おわりに

本書で紹介したゲルトというものは、今までの世界にはない新しいものだと思う。それをご理解いただくために、この本でそのメリットや仕組みを余すことなく説明した。

ゲルトについて説明すると、最初は、「何を言っているのか全然分からない」と言われる。そんな反応をされることが大半である。しかし、しっかりその意義を説明すると、多くの方がその素晴らしさと可能性を理解してくれる。

しかし、私自身が一人ひとりに詳しく説明する時間を取ることは難しい。そこで、ゲルトについてまとめた本を作って、私が説明する代わりにそれを読んでもらおうと思った。それが本書を執筆するきっかけである。

そして、ゲルトを理解してもらえた人からは、「よくそんなアイデアが思いつきましたね」と称賛されることが多い。ゲルトを思いつくきっかけについてはこの本にも書いた。しかし、よくよく思い返してみると、私がゲルトという発想に至るまでには、横浜の野毛町にあった「鳥かご」という焼き鳥屋で、私が客として経験した日々が、大きく影響

している と考えている。

焼き鳥屋の主（とうちゃん）はもともと商社勤めをしていたが、30代半ばで「一国一城の主になりたい」との思いからお店を始めた。しかし、まったくの素人が30を過ぎて、焼き鳥を焼きながら店を切り盛りするのは簡単ではない。最初は普通の店のようにお品書きを用意していたものの、注文を覚えることができないものだから、次第に主が得意な料理だけをコースのように提供するスタイルへと変化していった。そんな変わった主の店に来るお客さんも、少し変わった人が多かった。変わったといっても、それは良い意味で、「自分の意見をもった芯の強い人たち」だった。主のお店は、さまざまな価値観や知識を持つ人々の交流の場として機能するようになっていったのだ。

お店には、タレント、ラジオのパーソナリティー、警察官、政治家、公務員、学校の先生、新聞記者など、さまざまな職業の人々が集まっていた。店は単なる飲食店ではなく、知識や経験が交わる場所だった。私もその中で多くの人と出会い、その人たちから知識や経験、商売のいろは、経営学まで得られる機会に恵まれた。それが、私の考え方に大きな影響を与えてくれた。

特に印象深いのは、私が若いときに出会った新聞記者の話だ。その方はある新聞社でトップに立つ人物となったが、当時は私の隣に座り、気軽にさまざまな話をしてくれた。国会議員もいた。政治家本人に政治家の役割について直接聞いたところ、「地元でもめ事の仲裁をするのが政治家の役目である」という話をしてくれた。ここには書けないが、生々しい話も多かった。この人たちの話は今でも強く印象に残っている。

また、あるスポーツ記者の話はとても面白かった。その記者が当時ヤクルトスワローズの捕手の古田選手の「選手の名前と顔を一度で覚える才能が、試合中の配球を瞬時に思い出す力につながっている」という話を教えてくれた。彼は古田選手とは仲が良く、新聞では書けない話をいろいろと教えてくれた。こうした話を直接聞くことで、私は本や雑誌だけでは得られないリアルな知識に触れることができたのだ。

そして、こうした出会いが、私にとっての「大義」を考えるきっかけにもなった。主のお店で出会った多くの人を通じて、私は「自分が困っていることはほかの人も困っている」と感じるようになったのだ。そして人々の問題を解決する仕組みを作りたいと思うようにもなった。

私は法律や行政などに関心が高いと自負しているが、それはこの頃に養われたものだと考えている。

このような背景がある中で、製薬会社を経て、私は薬局を開業することになった。そこで廃棄される薬を見て「もったいない」という気持ちが生まれたのだ。その結果、リバイバルドラッグを開業することになった。そして、その仕事の中で薬の購入者を「公平に」選びたいという思いが強くなった。その結果として生まれたのがゲルトという仕組みだった。

主のお店は、単なる飲食の場を超え、多様な人々の交流を通じて価値を生む場だったようだ。私のゲルトの発想も多様性を尊重する場から生まれたといえる。

あなたはこの本を通じてゲルトというものの存在を初めて知ったと思う。この本を読んで、あなたの仕事の中で、ゲルトが活かせる分野がひらめいたのではないだろうか。

主のお店で私が多様な人に出会えたように、この本があなたにゲルトという新しい入札システムの価値を伝えられていればうれしく思う。そして、ゲルトによりあなたのビジネスが成功して、その先により公平な社会が実現されることを心から願っている。

2025年3月　蒲谷 亘

蒲谷 亘（かばや わたる）

1967年生まれ。横浜市立桜丘高等学校卒業後、薬剤師を目指し昭和大学薬学部に入学、1989年卒業、薬剤師免許を取得、塩野義製薬株式会社に営業職として入社。1993年に同社を退職後、薬剤師として働きながら経営を学び、1995年神奈川県川崎市にてカバヤ調剤薬局を開業。2006年には薬のデッドストック問題を解決するためにリバイバルドラッグをオープンさせる。事業が拡大する中で、競争率の高い商品をいかに公平・平等に購入してもらうかという課題が生じたため、解決策として考案した入札システムで2019年に特許を取得。今後はこの特許を利用して、業界にこだわらず新たなビジネスを創出していきたいと考えている。

本書についての
ご意見・ご感想はコチラ

リバイバルゲルト
販売手法の常識を変える　誰も損しない入札システム

2025年3月13日　第1刷発行

著　者　　蒲谷 亘
発行人　　久保田貴幸

発行元　　株式会社 幻冬舎メディアコンサルティング
〒151-0051　東京都渋谷区千駄ヶ谷4-9-7
電話　03-5411-6440（編集）

発売元　　株式会社 幻冬舎
〒151-0051　東京都渋谷区千駄ヶ谷4-9-7
電話　03-5411-6222（営業）

印刷・製本　中央精版印刷株式会社
装　丁　　村上次郎

検印廃止

Printed in Japan
ISBN 978-4-344-94907-2 C0036
幻冬舎メディアコンサルティングＨＰ
https://www.gentosha-mc.com/